Profecía sobre la crisis económica

Para obtener más información del autor y sus libros busque en la WEB:

Facebook, You Tube, Twitter / Edwin M Torres V

Profecía sobre la crisis económica

Por. Edwin M. Torres V.

"Con las computadoras y la economía, dominarán al mundo"

E𝜂T𝒱

Profecía sobre la crisis económica
Por. Edwin M. Torres V.

Publicado por:
Copyright c – 2013   por. Edwin M Torres V.

Todos los derechos reservados
No se autoriza la reproducción de este libro, ni de partes del mismo, en forma alguna, ni tampoco que sea archivado en un sistema o transmitido de manera alguna, ni por ningún medio (electrónico, mecánico, fotocopias, internet, radio, TV, etc.), sin permiso previo escrito del autor.

Citas
Todas las citas de las Sagradas Escrituras (Biblia) utilizadas son de la versión Reina Valera, revisión de 1960, Sociedades Bíblicas Unidas.

Fotos
De la portada: Cortesía de La Nasa
Otras: EMTV

ISBN: 978-1-61887-369-9

Dedicatoria

Dedico este libro a mis mejores amigos:

Derrick y Rodney.

Agradecimientos

Fueron muchas las personas que de una u otra forma contribuyeron a la realización de esta obra. Por temor a omitir involuntariamente algún nombre, deseo expresar mi agradecimiento en términos generales. Dios, que sabe todas las cosas, les bendiga ampliamente a todos. Muchas gracias.

Tres partes

Para poder exponer mejor lo que quiero explicar, he dividido este libro en tres partes. **Primeramente,** quiero hacer un breve análisis de la situación de hegemonía política y económica del mundo hasta hoy. Además de ver como el mundo está reaccionando a los cambios tan rápidos de los últimos años. En **segundo** lugar, analizar como todo esto tiene un cumplimiento con la profecía. **Finalmente,** hablaré del futuro. Voy a presentarlo como si fuera un rompecabezas. Al final del cual veremos el cuadro completo.

Índice

Primera parte: La actualidad

1. La situación actual   12
2. Guerra ideológica   19
3. ¿Cómo funciona la economía?   26
4. Control total   37

Segunda parte: La profecía

5. Una importante profecía   46
6. Resurge el último imperio   57
7. Entendiendo las revelaciones   65
8. La imagen de la bestia   70
9. "Verichip"   79

Tercera parte: El futuro

10. El impostor   86
11. Prometió volver   100
12. Reflexión   110

Notas Finales

Introducción

Desde el comienzo de las civilizaciones, los seres humanos inventaron el comercio y la economía, como medio para mercadear entre ellos. Esto jugó un papel predominante en el desarrollo y prosperidad de las civilizaciones. Ningún pueblo tenía todos los recursos, ni los conocimientos para ser autosuficientes en todas las áreas. Así que necesitaron conocer otros pueblos, bien sea por relaciones diplomáticas pacíficas, o por las conquistas de las guerras, compartieron sus conocimientos y recursos a través del comercio. A medida que han pasado los siglos esto ha ido evolucionando, drásticamente, hasta llegar a lo que tenemos hoy (con sus virtudes y defectos). Hoy día, con la llegada de grandes inventos, como los satélites, las computadoras y el internet el comercio y la economía han desarrollado cambios sin precedentes en todos los tiempos. De tal manera que hoy día, todo el mundo está uniéndose con la llamada "globalización de la economía". Es increíble el alcance de esta proyección. Esto, por supuesto, tiene sus ventajas. Hoy, prácticamente, cualquier persona puede, desde la comodidad de su hogar, comunicarse con otra persona, en cualquier lugar del mundo y hacer comercio individual. Solo necesita una computadora, el internet, una cuenta bancaria, y su tarjeta de crédito. Pero también tiene sus desventajas. Al estar todo el comercio conectado, lo que afecta en algún lugar importante, puede afectar a todo el mundo. Peor aún, algunos temen, con mucha razón, que en el futuro este sistema pueda ser utilizado para controlar todo el comercio mundial y con ello toda la vida humana.

No es posible que un asunto tan grande e importante como la situación económica de nuestros días haya pasado desapercibido por Dios, que conoce el futuro de antemano. En Apocalipsis se predijo la situación económica del mundo en los últimos días. A través de las profecías de la Biblia, la historia, y las noticias de hoy, podemos verlo con claridad.

El mundo de hoy está colocando las bases, se prepara y encamina a pasos vertiginosos, en todos los sentidos, para que el más grande poder de un líder totalitario pueda dominarlo fácilmente. Lo más que me sorprende es que la mayoría de la gente, por ignorancia, va desenfrenadamente a la trampa. Surgirá un líder que utilizará toda la tecnología para engañar y dominar al mundo.

PRIMERA PARTE

La Actualidad

Capítulo 1
La situación actual

Gobernanza del mundo desde el principio

La historia secular ha sido dividida por Edades. Estas son: primero la Pre historia, que supone desde la existencia del hombre sobre la Tierra hasta la escritura, aproximadamente 3300 a J.C. Luego la Edad Antigua hasta 476 d.C., la caída del Imperio Romano de Occidente. Después se establece la Edad Media hasta 1453 d.C., cuando ocurre la caída del Imperio Romano de Oriente. Entonces surge la Edad Moderna hasta 1789 d.C. cuando comienza la Revolución Francesa. Finalmente se estableció la Edad Contemporánea desde 1789 d.C., hasta el presente.

Desde el surgimiento de las primeras civilizaciones, pueblos o imperios, hasta comienzos de la Revolución Francesa, casi todos los pueblos o imperios tenían un rey (con diferentes nombres según cada lugar; llámense reyes, monarcas, faraones, caciques, emperadores, etc.) que gobernaba sobre ellos en todos los sentidos de la vida. La llamada "Revolución Francesa" supuso un cambio radical en la gobernanza del mundo. (Aunque irónicamente, diez años más tarde, la misma Francia coronaba a otro "rey", Napoleón Bonaparte - llamándolo "emperador", para que no sonara como contradictorio). No obstante, a esta revolución se le reconoce como la que inicia la época contemporánea. Aunque aún quedan algunas monarquías, la verdad es que estas son casi simbólicas, pues estas naciones tienen su propio parlamento y primer ministro quienes gobiernan estos países. Además en diferentes países, esporádicamente han surgido algunos "dictadores", que no son otra cosa, como podríamos llamar: "monarcas autoritarios" como en el pasado; aun hasta nuestros días.

Por mencionar algunos, el mismo Napoleón Bonaparte en Francia, Benito Mussolini en Italia, Adolfo Hitler en Alemania, Francisco Franco en España, y muchos otros más. La lista sería muy larga. Sin embargo el espíritu de la Revolución Francesa, unida a otras revoluciones democráticas que se desarrollaron en otros países, afectó el desarrollo de gran parte de la civilización en escala mundial. Propiamente hablando, de allí surge la mayoría de la gobernanza de los países como lo conocemos hoy. Además, como resultado de los desarrollos económicos y de las reformas, entre otras importantes reformas, surge la clase media. Hasta ese momento solo habían ricos (los monarcas, su linaje y los clérigos), y los pobres (sus súbditos). Hasta que, desde la misma Francia y esparciéndose al resto del mundo, las masas se cansaron y cambiaron estos sistemas con revueltas reformadoras. Cada país tiene su propia historia sobre esto. Pero lo cierto es, que de una forma u otra surgieron los cambios y aunque ha sido un proceso evolutivo con aciertos y desaciertos, con revueltas populares e inclusive guerras (como la primera y segunda guerra mundial), la realidad es que surgen los países como los conocemos hoy y la clase media, (aunque no se elimina la brecha entre ricos y pobres). Esto a pesar de luchas filosóficas y políticas como la del capitalismo vs. el socialismo, y más recientes las luchas ideológicas entre la clase media y los ricos (todas luchas de clases).

Problemas económicos
Sin embargo, a pesar de todo esto, resulta interesante que hoy la mayor parte de la humanidad tiene problemas económicos. Desde los gobiernos, las empresas, hasta el individuo común. Pobres, clase media e inclusive algunos ricos que lo han perdido todo. Desde el principio de las civilizaciones siempre ha habido momentos de crisis económicas en algunos países del mundo. La diferencia de hoy es que con el paso de los años, las experiencias vividas y los progresos en la política, los descubrimientos, inventos, las comunicaciones, y el crecimiento cultural y social, supondrían que deberíamos estar mejor, no peor. Además de que la crisis debería ser de algunos países o personas, no de la mayoría. Pero hoy no es así. Entonces, ¿qué ha pasado? ¿Por qué en vez de estar mejor estamos peor? Algunos piensan que los

sistemas políticos y económicos han fallado. Otros culpan a la llamada "globalización de la economía". Argumentan que el comercio no ha logrado adaptarse a estos drásticos cambios y está en proceso de ajuste. Se han establecido planes, programas y propuestas, para "normalizar" la economía. Lo cierto es que la economía está en proceso evolutivo actualmente, y poco a poco se "ajustará", para bien o para mal.

Pero, ¿cómo llegamos hasta esto?

Desde la fundación de las más primitivas civilizaciones siempre han habido, en cada una de ellas, la ambición de unas, dominar a las otras. Inclusive, algunas han deseado dominar al mundo entero. En el pasado, la historia nos prueba como surgieron potencias que dominaron al mundo. Por ejemplo: el antiguo Egipto, Asiria, Babilonia, Persia, Grecia y Roma. Desde la caída de Roma han surgido muchos intentos por levantar imperios que dominen todo el mundo, especialmente en Europa. Carlomagno en el siglo IX, Carlos V, en el siglo XVI, Luis XIV en el siglo XVIII, Napoleón en el siglo XIX, Alemania en la primera y segunda guerra mundial, y Rusia con el comunismo. Pero hasta hoy ninguno lo ha logrado. Han surgido potencias como: los Estados Unidos de América, Rusia, China, pero ninguna que domine todo el mundo.

Las guerras mundiales

Analicémoslo brevemente, con un ejemplo de los más conocidos, como lo fueron la Primera y Segunda Guerras Mundiales. Con el descubrimiento de América surgen los aires de colonizar de los grandes imperios de Europa. España, Inglaterra, Francia, Portugal y otros se lanzan a la conquista de todas las nuevas tierras que les sean posibles. Sus economías crecieron, principalmente por las riquezas de las colonias. Alemania se quedó entonces un poco rezagada y decidió lanzarse a la conquista del mundo también. Es cuando surge la Primera Guerra Mundial (1914-1918). Después de una gran devastación, con la derrota de todos los frentes para Alemania y cerca de diez millones de muertos, de todos los participantes, (según algunas cifras estimadas), finaliza la guerra. Alemania queda destruida por las bombas e incendios. Agobiados por la hiperinflación, la escasez, la miseria y el hambre, que deja la derrota de una guerra y la carga de una cuota a pagar por los daños a los países atacados, Alemania cae en la desesperación. Para colmo después llegaron las terribles décadas de los años 20 y 30, y con ellas la Gran Depresión. Esto fue la nueva "justificación" que necesitó Adolfo Hitler para ascender al poder y encender la chispa para que Alemania deseara conquistar nuevamente. Así llegó la Segunda Guerra Mundial (1939-1945). El resultado: más devastación para el mundo. Ahora con, aproximadamente, cincuenta millones de muertos, (según algunas cifras estimadas), y un continente devastado.

Después de la Segunda Guerra Mundial, Estados Unidos y Rusia poco a poco se fueron fortaleciendo como potencias mundiales. Entonces surgió el período conocido como "la guerra fría" (1945-1991). Con un mundo destruido económica y políticamente por la guerra, las sociedades comienzan a repensar si estos cambios de las revoluciones para establecer gobiernos no monárquicos, y la libre empresa, realmente serían la solución. Para muchos las causas y consecuencias de la guerra eran esos cambios. Aprovechándose del descontento general surge una guerra "ideológica". El socialismo y el comunismo, contra el capitalismo. Rusia, con la teoría del socialismo y comunismo, se enfrentó al capitalismo, con la intención de gobernar al mundo. Logran el favor de diversas sociedades. Se estima que en un momento dado, el socialismo o el comunismo logró dominar directa o indirectamente del 40% al 60 % de la población del mundo (según algunas cifras). Esta lucha ideológica se centraba en quién debía gobernar política y económicamente las sociedades. Una política y economía centralizada y planificada o una de libre participación, (mercado libre). Pero de pronto cae el comunismo de Rusia y el socialismo se ve afectado en muchos lugares. Aunque parezca increíble, aun hasta nuestros días esta lucha no ha cesado.

Debo aclarar que no soy político, solo estoy informando de los sistemas. Tampoco defiendo a uno sobre otro. Esa no es mi misión. "A César lo de César, a Dios lo de Dios." Pero necesito poner el contexto de todo esto para encaminarnos al asunto que nos compete en este libro.

Capítulo 2
Guerra Ideológica

Permíteme abundar sobre esto, pues las "guerras ideológicas y económicas" aún no han terminado.

Dos corrientes: políticas y económicas
Como decía anteriormente, desde la caída de las monarquías comenzó la guerra ideológica. Esta se basaba en quién debía tener el control de la economía: los gobiernos o el mercado libre. A principios del siglo veinte dos corrientes ideológicas políticas y dos económicas se enfrentaban una a la otra.

En el ámbito político estaba el capitalismo vs el socialismo. En el económico las teorías de dos grandes economistas combatían una con la otra. John Maynard Keynes, (Británico, nació en Cambridge, el 5 de junio de 1883, murió el 21 de abril de 1946). Friedrich August von Hayek (Nació en Viena el 8 de mayo de 1899, murió el 23 de marzo de 1992) ¿Quién debía controlar la economía: los gobiernos o el mercado libre? La planificación controlada por el gobierno o el liberalismo sin apenas intervenciones gubernamentales. Lo que resulta más interesante, como dije antes, es que hasta nuestros días ambas ideas luchan una contra la otra y no se ponen de acuerdo. He aquí el meollo del debate internacional de la economía. Obviamente no existe un sistema humano que sea perfecto. Los que defienden uno u otro concepto filosófico y teórico tienen sus pros combatidos por los contras de sus opositores.

Hayek creía que los mercados son fuerzas naturales que tenían el poder para ajustarse ellos mismos. Keynes, en cambio, creía que en cierto modo había que producir los cambios que se quisieran con regulaciones políticas.

Un análisis de ambas es: si son fuerzas naturales, como un barco navegando en alta mar, necesitaría a lo menos un pequeño timón para dirigir la embarcación. Por otro lado, no se puede producir y controlar toda la convivencia humana, incluyendo la economía, solo con regulaciones.

Es una larga guerra que seguirá su lucha. Ambas ya han sido probadas en diversos países desde que comenzó esta guerra ideológica. Casi sin excepción, han dado resultados por un período de tiempo, pero al final han fracasado. Una y otra vez algunos países han tenido que mudarse ideológicamente de un extremo al otro, y aún persiste la incógnita. Un ejemplo de esto es China, que se hizo comunista y ahora experimenta con capitalismo. Aun así, no han podido resolver una nueva creciente brecha abismal entre nuevos millonarios y pobres.

Desde nuestra perspectiva, creemos que el problema no está meramente en los sistemas. Ambos tienen ventajas y desventajas. El problema está en la mente y corazón de algunos de los que pretenden imponerlos. El egoísmo, la avaricia y la corrupción, en ambos casos, han arruinado los sistemas probados. Cuando algunos hombres tienen el control en cualquiera de ambos casos, tendrán la tentación de corromperlos. En tal caso quizás se debería coger lo bueno de cada uno y desechar lo malo de ambos, y supervisar las acciones de los que dirigen.

Dejar todo libremente puede traer sus riesgos, de que algunos atropellen a los demás. Por otro lado tomar demasiado control puede conducir al totalitarismo y sería el mismo atropello. Mientras continúa esta guerra ideológica y se busca el sistema ideal, millones sufren las consecuencias.

Surgirá un líder

Pienso que surgirá un líder del último imperio humano y tratará de resolver esta lucha. Planteará una idea revolucionaria que parecerá la solución a toda esta problemática. El mundo creerá en él, aceptarán el plan y se avocarán al mismo. Traerá aparente paz, prosperidad, pero al final se estrellarán con la realidad que será otro engaño, que conducirá al mundo al caos, inclusive a la guerra. Finalmente vendrá la verdadera solución. Este pensamiento no es una mera fantasía. De eso básicamente es de lo que se trata este libro. Analicemos juntos, con pruebas históricas y lógicas de lo que ha ocurrido y está ocurriendo en nuestro mundo. Quizás tú también llegarás a la misma conclusión. Pero antes analicemos brevemente qué ha ocasionado la crisis actual. Aunque esto es bastante complejo hagamos un análisis general.

Primeramente el endeudamiento público
Muchos afirman que la doctrina de Keynes (lo que se conoce como el Keyniasismo) ha contribuido al endeudamiento tan grande de los países. El creía que cuando llegaran las crisis, el gobierno debía entrar en déficit, si era necesario (tomando préstamos), pero dar trabajo a sus ciudadanos en proyectos gubernamentales (ejemplo; construir carreteras, puentes, etc.) y así combatir el desempleo, además de programas sociales. Muchos países lo hicieron. Pero al entrar en deudas (préstamos) para producir empleos e invertir en infraestructuras, en tiempos de crisis, luego debían repagarlos; lo que no hicieron. Pero estas deudas han crecido mucho, producido déficit astronómico, y hoy son casi imposibles de saldar. Naturalmente a los políticos de turno les viene "como anillo al dedo" esta doctrina. Pues prometen "villas y castillos" a costa del endeudamiento de la deuda pública para futuras generaciones. Pero no es una buena idea que los que vengan atrás resuelvan los platos rotos de los presentes. Quizás la idea inicial era buena, si completaban el siclo

del plan y pagaban lo que tomaban prestado. Pero no lo hicieron y lamentablemente, la mayoría de los políticos de los países han vivido de eso. Otros han defalcado con corrupción y no se han recuperado los recursos y han aumentado considerablemente las deudas de los gobiernos y sus países.

Los excesos de la banca

Por otro lado la doctrina de Hayek ha sido utilizada por muchos para liberar la banca en muchos países sin prácticamente ningún control, regulación o supervisión. Esto ha producido excesos de la banca y sus riesgos, que ha provocado graves crisis, por la avaricia de algunos ejecutivos con salarios ridículamente excesivos y corrupción. Apoyados en que los bancos centrales y los gobiernos los rescataran, pusieron en jaque toda la economía. Por eso los problemas no son necesariamente los sistemas, sino la corrupción, en cualquier sistema que no haya supervisión.

Una nueva guerra

Mientras tanto, se han desarrollado algunas otras batallas, cada cual contra los otros. Después de la Segunda Guerra Mundial, los países aliados fortalecieron sus economías. Surgieron entonces los países más ricos o industrializados. Como: Estados Unidos, Inglaterra, Canadá, que producían equipos, alimentos y todo tipo de bienes de consumo para ayudar a los países devastados por la guerra. A la misma vez en esos mismos países que fueron restaurados (Alemania, Francia, Italia, Japón) las economías florecieron, por tanta inversión. Tal pareciera que la guerra, como dicen algunos irónicamente, "inyecta y fortalece la economía".

China e India establecen sus propios modelos de economía socialista y les dan un impulso a sus propias economías, luego experimentan con el capitalismo controlado. Además, producen bombas atómicas, como los Estados Unidos, Rusia y otros. Esto también le da un papel importante en la política internacional. También Japón se levanta como una potencia económica. Entonces comienza una nueva guerra. Los países luchan cada cual por sus respectivas economías. El mismo problema de siempre. Todos contra todos; cada quien luchando y protegiendo lo suyo.

La nueva economía

Entonces, más recientemente, casi en forma inesperada para algunos, con el propósito de superar estas crisis políticas y económicas, surge un plan novel, moderno. Para estabilizar y fortalecer los mercados y dar mayor participación a todos, surgió la tendencia de "unir las economías". Los países europeos fueron los pioneros en establecer este plan. Al unir sus países, sus economías, eliminan los aranceles entre ellos y las barreras comerciales, para que sus miembros participen en un mercado unido, que bien se llamó: "El Mercado Común Europeo." Obviamente no surgió de la noche a la mañana, sino que fue evolucionando. De este modelo Europeo se suman diversos pactos comerciales en diferentes regiones del planeta. Se han firmado otros tratados económicos regionales entre países, que de seguro en la preparación del sistema mundial final, facilitará la unión de todas las economías del mundo. Es como un rompecabezas que se va formando por las cuatro esquinas hasta que finalmente completa todo el cuadro en el centro.

La globalización
Con la llegada de los satélites, el invento de las computadoras y el internet, se planificó y estableció un plan llamado "la globalización de la economía." Este modelo económico seguirá evolucionando, ajustándose, adaptándose, extendiéndose, uniéndose y generalizándose, hasta que en su tiempo se una toda la economía mundial, para bien o para mal.
Esto es irreversible, nadie lo detendrá. Todo el mundo se avoca a esto. En resumen la nueva economía consiste en unir todo el comercio y las economías del mundo a través del internet. A esto se le llama "La globalización de la economía", como la solución a las guerras ideológicas, económicas, políticas y la pobreza. ¿Lo conseguirán?

Capítulo 3
¿Cómo funciona la economía?

Para ponernos en la perspectiva actual y su desarrollo futuro, deberíamos analizar cómo realmente funciona la economía hoy.

Lo más preocupante

El sistema económico actual, así como la contabilidad en general, es algo complejo, difícil de entender. Obviamente, en un solo capítulo de un libro, no podemos explicar todo el complejo sistema económico del mundo. Pero vamos analizar, a grandes rasgos, lo que a nuestro juicio es lo más preocupante: las deudas, que alcanzan a toda la economía mundial. Analicémoslo lo más simple posible, para ponernos en contexto y entender mejor hacia dónde vamos.

El sistema económico cambió

La mayoría de las personas no saben cómo funcionan los bancos y la economía de hoy. Anteriormente el dinero que circulaba se basaba en las reservas de oro y plata que tenían las naciones. Se imprimían billetes o monedas basado en un por ciento del valor del oro o plata. Por ejemplo, en los dólares antiguos se podía leer una nota que leía que lo respaldaba la reserva del oro o la plata, según cada caso. Hoy día esa nota no aparece. Sino que aparece una nota que establece que se respalda para toda transacción pública o privada. Al paso de los años todo el sistema ha ido evolucionando y cambiando. El dinero que se imprime y circula hoy no necesariamente lo representa el valor del oro y la plata. Entonces, ¿de dónde procede el dinero?

Al principio
Al principio, la economía y el comercio eran algo simple. Quizás una de las primeras formas de comercio fue el canje. Los seres humanos en diversas civilizaciones comenzaron a canjear sus productos. Por ejemplo unos cazaban animales, otros pescaban, y otros cultivaban la tierra. Para que todos pudieran disfrutar de todos los productos, los que cazaban intercambiaban sus productos con los agricultores y estos a su vez con los que pescaban y viceversa. Esa fue la forma de comercio más antigua y sencilla. Luego todo fue evolucionando. Se utilizaron objetos como si fueran monedas de compra. Se le asignaba un valor y se utilizaba para adquirir bienes o servicios. Se utilizaron plumas, conchas, piedras, sal, etc. Más adelante se utilizaron el cobre, la plata y el oro. Estos últimos fueron los más usados, siendo el oro el principal. Por la calidad y el peso se determinaba su valor. Entonces para establecer valores uniformes se ideó derretirlos y

vaciarlos en moldes y así surgieron las monedas. Estas se han utilizado por mucho tiempo. También se utilizaban piedras preciosas y joyas.

¿Cómo surgieron los bancos?
Para proteger estas monedas, así como el resto de la plata, el oro y las joyas, algunos construyeron bóvedas que eran vigiladas por sus dueños. Esta fue la forma primitiva de los bancos. Otras personas que tenían oro y joyas, llegaron a acuerdos con los poseedores de estas bóvedas para que las cuidaran también, a cambio de un tipo de renta por sus servicios. Ahora los nuevos "banqueros", tenían en sus bóvedas mucha plata y oro bajo su cuidado.

Los billetes
Al pasar el tiempo a ellos se les ocurrió una idea. Uno de los inconvenientes de las monedas consistía en su peso. Los dueños llevaban unas pequeñas bolsas para hacer sus compras regulares. Pero para hacer grandes transacciones necesitaban mover pesados cofres. Así que los banqueros idearon un tipo de "cheques". Escribieron unas notas donde indicaba el valor del oro en reserva que tenían los dueños en sus bóvedas y esto servía de evidencia de la cantidad del valor de sus bienes y les resultaba más fácil y liviano hacer sus transacciones. Pronto este sistema se fue

popularizando y de allí surgieron los "billetes". La idea pareció tan genial que más personas decidieron guardar su oro, plata y joyas en estos bancos y usar los billetes. Pero quien más se benefició de todo esto fueron los propios banqueros. Pues cobraban un por ciento por estos servicios. A mayor cantidad de clientes, mayores fueron sus ingresos. Muy pronto se hicieron ricos y poderosos.

Los préstamos

A los banqueros se les ocurrió otra "idea". Había mucha gente que necesitaba dinero para realizar transacciones, compras y servicios, pero que no tenían oro u otros recursos metálicos. Sin embargo tenían tierras, animales, barcos, etc. Entonces los banqueros idearon prestar dinero, con la garantía de esas propiedades. Firmaron acuerdos legales donde se estipulaba un plazo determinado donde debían pagar el dinero prestado en plazos pequeños, con un interés de ganancia, respaldados por sus posesiones en garantía. Así surgieron los "préstamos". Muy pronto el entusiasmo de las personas, comerciantes y hasta gobiernos por obtener préstamos se hizo popular. Mucha más gente fue a buscar préstamos.

"Inversionistas"

Pero la reserva individual de los banqueros era limitada. Así que pensaron otra "idea". Como solo ellos conocían la cantidad de oro que había en sus bóvedas, (además sabían que sus dueños rara vez lo sacaban, pues usaban los "billetes"), comenzaron a prestar de las reservas de sus clientes, sin que éstos se dieran cuenta. Como todos los depositantes no sacaban el oro a la vez, si alguien reclamaba su oro, se le devolvía sin afectar su negocio. El problema sería que todos los depositantes se dieran cuenta del truco y pidieran todo su oro a la vez. Entonces habría un serio problema, pues no habría suficiente oro para devolverlo a todos y surgiría una "crisis financiera". Esto se conocería como: "el pánico de los ahorradores". Pero corrieron el riesgo. Las finanzas de los banqueros subieron como espuma. Por un tiempo nadie sospechó el truco, pero al cabo del tiempo, los dueños se dieron cuenta y exigieron explicación. Además amenazaron con retirar su oro. Finalmente los banqueros y dueños se pusieron de acuerdo, siempre y cuando se dividieran las ganancias y compartieran la tajada. Así surgieron los "inversionistas". (Obviamente esto ha ido evolucionando y hoy es mucho más complicado, pero así comenzó en su forma simple.)

Crear dinero de la nada

Hasta ese momento todo billete era respaldado por alguna reserva de oro. Pero la demanda para obtener más préstamos fue en aumento. Más y más personas, comercios y gobiernos necesitaban grandes cantidades de dinero para realizar sus proyectos. Llegó al punto, en que la demanda fue más allá de la cantidad de oro que había en los depósitos. Entonces a los banqueros (ahora unidos a los inversionistas) se les ocurrió otra "idea". Debido a que el proceso de sacar oro de las minas era largo y trabajoso, comenzaron la práctica de expedir cheques más allá del oro que lo respaldara.

(Ahora contarían mayormente con el respaldo de las "garantías de los préstamos", o sea las tierras, animales o lo que pusieran como garantía.)

Los gobiernos intervinieron, pero debido a la creciente necesidad de crear dinero, esta actividad en vez de ser prohibida fue legalizada y controlada. El sistema cambió. El dinero que circulaba ya no lo respaldaría la cantidad total de oro en existencia, sino una fracción. Los gobiernos y los bancos establecieron leyes para regular esta práctica. Se estableció crear nueve unidades artificiales por una unidad existente (en algunos lugares el porciento es mayor). Se establecieron inspecciones periódicas sorpresivas, para verificar que todo el sistema funcionara correctamente. El dinero se imprimía prácticamente de la nada.

Lo respaldaría el compromiso de los clientes de pagar sus préstamos más el interés. Si no pagaban se les embargarían las garantías.

Los bancos centrales

Se "unieron" los banqueros y los gobiernos. Surgieron los bancos centrales. Se acordó que, en caso de una quiebra, de uno de los bancos, los bancos centrales acudirían en ayuda. Además, los depósitos serían asegurados hasta cierta cantidad. Sólo si varios bancos quebraran a la vez, el banco central no tendría la capacidad de garantizar todos los depósitos. Más recientemente, lo que se ha utilizado es solicitar rescate de los depósitos de los gobiernos (de sus reservas, ahorros, pensiones pagadas, etc.) Así ha sido la evolución. El sistema cambió. Por esto el sistema inicial del dinero representado por el oro existente, ha desaparecido.

Dinero - deuda

Sin darse cuenta, allí comenzaba a desarrollarse un gran problema. El dinero que circulaba no lo respaldaría toda la cantidad de oro en existencia, sino que se imprimiría dinero prácticamente de la nada. Más aún, hablando claramente, podríamos decir, que la mayoría de este dinero no existe. Ya que los bancos sólo necesitan tener el documento de la firma del préstamo para establecer en sus libros su reserva de "dinero – préstamo", y así determinar su "valor – capital". Ahora bien, con tantos préstamos que existen en todo el mundo, de cifras astronómicas, realmente la mayoría del dinero que circula es de préstamos, o sea de deuda.

Alguna vez te has puesto a pensar en esto. ¿Cómo es posible que haya estas cifras astronómicas de deudas con iguales recursos de oro, y diariamente cogiendo más préstamos en todo el mundo? Ahora entiendes la respuesta. Sencillamente no existe tanto oro en el mundo disponible en los bancos que respalde estas deudas. Ni siquiera de los ahorros de sus clientes. Es dinero fabricado de la nada. No existe. **El dinero es deuda.** El sistema económico actual no está basado en las reservas de oro, como en el pasado, sino en los préstamos, en las garantías de los pagos. Están empeñados, las casas, los edificios, las tierras.

Mientras más gobiernos, instituciones, comercios e individuos soliciten crédito, préstamos, hipotecas, etc., más "dinero" tendrán los bancos. A los bancos les conviene que todos estén endeudados. Por eso llueven las solicitudes de tarjetas de crédito, préstamos y otros. El sistema está diseñado para que funcione a base al crédito (deudas). El problema más preocupante está latente hoy como nunca: **La inmensa mayoría del mundo está endeudado, a merced de los Bancos.**

Los fondos de retiro

Hoy se habla mucho de la preocupación de que los fondos de retiros y seguro social no sean suficientes para pagar a sus contribuyentes. ¿Qué ha ocurrido con éstos? Muchos de estos fondos fueron usados por los gobiernos e instituciones para financiar proyectos, mercadeándolos en bonos de bolsas de corretaje. Algunos han sido mal usados o mal invertidos y ahora enfrentan problemas. Además, con la subida del costo de vida y los abundantes beneficios marginales prometidos a los pensionados (como los bonos, etc.), han hecho insuficientes esos recursos, viéndose en peligro de colapsar. Cada día que pasa la situación se agrava.

¿Saldar las deudas?

Mucha gente piensa que si se saldan todas las deudas se terminarían los problemas económicos del mundo. Esto es así solo a nivel personal o comercial, pero no a nivel mundial. La respuesta es simple. Primero, no hay realmente los fondos suficientes para pagar todas las deudas. Algunos sugerirían, ¿y qué si se perdonaran la mayoría de los préstamos? Implicaría pérdidas astronómicas en los inversionistas y como un efecto dominó, afectaría la economía (y otras deudas). Pero la realidad más dura es que sin deudas no se puede crear todo el dinero necesario; sencillamente el sistema, a esta altura, está establecido así. No has pensado esto: si hubiera una solución real, ¿por qué no la han establecido? Sencillamente porque no la hay.

La recomendación es que todo el que pueda, salga de sus deudas a nivel personal y comercial, donde sí puede ser posible. Pero pensar que el mundo entero salga es una utopía.

Creando un "monstruo"

El sistema a nivel mundial nos ha empujado a un punto de no retorno. Es lógico pensar: ¿Cómo tantas deudas, de tantos países, juntándolas todas, se puedan saldar? Realmente no se pueden pagar. El mundo está atrapado en el sistema con cada día más y más necesidades de crear dinero; tanto gobiernos, como comercios e individuos han creado "un monstruo" que puede devorarlos a todos. El temor es que las deudas crezcan y crezcan y la mayoría sean impagables. Ahora el problema se acentúa con la globalización de la economía. Toda la economía mundial está unida por internet.

Pensemos esta posibilidad real. ¿Qué ocurriría si diferentes bancos importantes tuvieran crisis simultáneas? Lo que podría causar es que muchos bancos quiebren y se produzca un colapso a nivel global. ¿Por qué los gobiernos intervienen para rescatar bancos privados? Porque todos saben que al afectarse un bloque, pone en riesgo a toda la economía global. Todo ello podría terminar en una debacle mundial. Pero, lamentablemente, el egoísmo y la avaricia prevalecen, así que las deudas siguen creciendo y creciendo. Es como una bola de nieve que va ladera abajo, creciendo cada día. Llegará un momento en que, sencillamente, las deudas serán impagables, la economía caerá en bancarrota. Como un "monstruo" que se comerá la economía.

Entonces será el terreno fértil para que un líder autoritario implante un nuevo sistema y domine al mundo por medio de la economía. Todo está diseñado, consciente o inconscientemente, para que poco a poco llegue a ese final. Cuando los países, comercios, industrias e individuos no puedan pagar sus deudas y todos tengan empeñados sus créditos estarán atados "legalmente", a merced de cualquier nuevo sistema. No aceptarlo sería una violación del acuerdo del préstamo, violando la ley con sus respectivas consecuencias.

Capítulo 4

Control total

Veamos otro aspecto en la formación de este rompecabezas del control de la vida humana hoy. Todo se prepara para que con las computadoras, los celulares, el internet, las cámaras, sensores, "polvo inteligente", los "VeriChip" y otras tecnologías en desarrollo, puedan controlar todo.

Internet

Rompiendo con todos los esquemas conocidos hasta ahora, las computadoras y el internet han revolucionado el mundo.

Para mí, estos dos son los inventos recientes más extraordinarios producidos por el hombre. Pienso que pocos seres humanos son capaces de comprender la magnitud de este invento. Lo que comenzó con un simple invento para archivar información, hoy por hoy se ha convertido prácticamente en toda la actividad humana. Casi todo está ligado de una u otra forma a las computadoras. Desde los teléfonos móvil, las procesadoras de información, el internet, las comunicaciones, el comercio mundial, los gobiernos, las redes sociales, los satélites enviados a las profundidades de las galaxias y casi todo lo demás. Cada día que pasa el alcance de las computadoras es indescriptible. Millones de personas, cada segundo, veinticuatro horas, siete días a la semana, sin parar, están conectándose, enviando o recibiendo información por internet. Esta capacidad inclusive tiene preocupados a muchos. El internet es la nueva forma de hacer comercio en el mundo. Esta práctica ha roto todos los esquemas conocidos hasta ahora. Es una forma revolucionaria. Cualquier ser humano del mundo puede hacer comercio desde su propio hogar a cualquier otro lugar del planeta. Simplemente con una computadora. Pienso que nadie es capaz de imaginar el volumen y la magnitud de este comercio. Millones y millones de transacciones bancarias cada segundo. Un "monstruo" que va dominando el mundo. Desde Estados Unidos a India, de Rusia a Chile, de China a Brasil, todo el comercio mundial conectado por el internet.

Preocupación

Pero preocupa algo más sobre todo esto que está ocurriendo hoy. Con la unión de países, la globalización de la economía y el internet surgen aspectos muy curiosos y a la misma vez preocupantes. La información de prácticamente todos los seres humanos está o será registrada en internet. Conociendo el número de identificación de cualquier ciudadano del mundo, cualquier pirata cibernético, puede obtener acceso a información confidencial y privilegiada inmediatamente.

¿Cómo mercadea el internet?

Las compañías de internet, como cualquier otro medio de comunicación, lógicamente se sostienen de alguna manera. ¿Cómo lo hacen? Constantemente están monitoreando los usuarios y estableciendo un "**perfil**" de cada uno, basado en los sitios que navega. Este perfil lo "venden" a las compañías para que ellas a su vez envíen publicidad a los usuarios de acuerdo a los gustos individuales. Aunque haya quienes no lo vean de esta forma, esa sí puede decirse que es una manera de "espionaje al usuario". Si las compañías pueden tener ese perfil y usarlo para mercadear sus productos, ¿qué no podrá hacer un líder totalitario que pueda dominar el mundo? Seguramente si has entrado en internet tu perfil ya está registrado en estos lugares. Así que no sería de extrañarse que en el futuro pueda surgir un líder y un imperio que domine la economía y al mundo entero por las computadoras y el internet. El mundo inconscientemente está preparado para eso.

Las redes sociales

En las redes sociales los individuos publican sus fotos, información de sus familias, actividades personales y hasta lo que piensan y creen. Ya está formada una generación adaptada a esto, expresándolo todo sin reservas, ni inhibición. Ingenuamente cediendo sus privacidades, y sin darse cuenta, casi sus voluntades.

Como un juego divertido, las redes sociales se hacen cada vez más populares. Amigos, familias, clubes, comercios, se unen minuto a minuto. Lo que la mayoría desconoce es que están formando sus perfiles de gustos, creencias e inclinaciones.

Celulares

En todo el mundo, uno de los medios de comunicación que más crece son los celulares (teléfonos móviles). Hasta en las aldeas más remotas de los países están llegando los celulares. La gente se está comunicando como nunca antes en la historia. La mayoría de estos artefactos cuenta con grabadora, video, internet. Pero lo que muchos no saben, es que además, cuentan con un dispositivo de rastreo satelital (GPS), desde donde la compañía matriz puede identificar la ubicación exacta del usuario, por medio de satélites. Además se graban todas las conversaciones, mensajes y sitios visitados. Algunos, inclusive afirman que, aun cuando no se esté llamando a ningún teléfono, pueden grabar todo. Algo así como un espía que está con nosotros 24/7. ¡Y no nos damos cuenta!

Cámaras

En todos los países del mundo se están colocando cámaras de grabar videos de seguridad y en lugares inimaginables. Desde los satélites de espionaje a los países enemigos, los comercios, bancos, en carreteras, semáforos, oficinas, estacionamientos, elevadores, frente a comunidades, sobre ciudades enteras y hasta bajo el océano. Es increíble. Cada día que pasa estas cámaras son más sofisticadas y diminutas. Sin que lo sepas, puede haber una cámara en un cuadro de una pared, un florero y hasta en el botón de una camisa, que esté grabando sin que lo notemos. James Bond, el agente 007 o Dick Tracy, las series famosas de televisión que anticipaban todo esto, se quedaron pequeñas. Estas cámaras están grabando nuestras vidas todo el tiempo. Mucha gente no se da cuenta de que están "vigilando sus pasos". Todos nuestros movimientos pueden estar siendo vigilados.

Los bancos

La economía y los bancos del mundo están unidos por el internet. Todas las cuentas de los países, las bolsas de corretaje, de los gobiernos, de las empresas, e individuos particulares, están accesibles al internet.

Sensores

Para complementar y perfeccionar la nueva tecnología, además de los códigos de barra en los productos de ventas, ahora se están colocando diminutos sensores, de hasta el tamaño de una cabeza de alfiler, por todos lados, en todos los objetos y artículos. Ya sea en ropa, zapatos, comida empacada, medicamentos. Así como en equipos electrónicos, computadoras, impresores, cajas de papel, autos, y otros múltiples artículos. La mayor diferencia de estos chips con el código de barras, es que proveen información que se puede detectar a distancia, desde pocos metros hasta kilómetros (dependiendo del tipo de chips). Es una tecnología tan sofisticada que la información que proveen se puede leer a través de la ropa, cartera, maletín, etc.

"Polvo inteligente"

Pero lo más reciente es la novedosa tecnología llamada: "polvo inteligente". Establecida inicialmente por el pentágono, son redes de sensores bien diminutos (conocidos también como "motas"), que serían desplegados sobre territorio enemigo para transmitir en tiempo real datos sobre movimientos de tropas, armas o cualquier información relacionada. Pero esta tecnología no se limita a la milicia, sino que hoy se están desplegando por muchos lugares para obtener incalculable información de la convivencia humana. En el futuro estaremos rodeados de estos diminutos sensores instalados por todo lugar.

Guerras cibernéticas

Las guerras evolucionan según trascurren los tiempos y surgen nuevas técnicas de guerra. Hoy no es una excepción. Ahora se habla de la "guerra cibernética". Países entrando a sistemas computarizados de países enemigos y enviando "virus" para "robar" información o dañar sus sistemas.

¿Estoy en contra de todo?

Al hablar de todo esto, quizás algunos puedan pensar que soy un anticuado, que estoy en contra de todo adelanto o invento. ¡Por supuesto que no! Ni tampoco estoy atacando las compañías o los gobiernos. Pienso que ellos no entienden a cabalidad las consecuencias que esto acarreará en el futuro, como todos los demás, serán engañados. Pero honestamente, asombra mucho cómo entregamos nuestra más sensible información sin reservas o reparos y de manera tan simple. La mayoría no pone ningún cuidado al entregar información sensitiva. Peor aún, la mayoría de los que hacen esto son jóvenes. Nada de lo que digamos, escribamos, grabemos o filmemos en internet puede borrarse. Puedes darle "delete" en tu computadora o celular, pero una vez entra en la "red" de internet queda "atrapada" para siempre. Estamos entregando nuestra privacidad, nuestros secretos, inclusive, sin darnos cuenta, nuestra libertad por el "bien de la seguridad". Irónicamente lo mismo que algún día nos pudiera hacer esclavos. Sólo piensa esto. Con toda esta data al alcance de un líder mundial tirano, resultaría relativamente sencillo gobernar y dominar todo el mundo. Imagínate lo que hubiera podido hacer Adolfo Hitler si todo esto hubiera estado disponible en su tiempo.

Pero somos muy ingenuos. Pensamos, decimos y tratamos de consolarnos con la idea de que esto no volverá ocurrir jamás. Algunos confían demasiado en los sistemas "democráticos" de hoy, o en los acuerdos en diminutas y extensas letras que cambian constantemente, y ni leemos de las cuentas cuando acedemos al internet. Perdona tanta franqueza, pero nadie se engañe a sí mismo. Ningún sistema humano es perfecto. Todos son vulnerables. El hecho esta revelado en la prensa, de que piratas cibernéticos se han infiltrado en archivos, inclusive de inteligencia en diferentes gobiernos y revelado información "sensitiva" y hasta de seguridad nacional. Si esa información, que se supone esté tan bien resguardada, ha sido infiltrada, ¿qué nos dejara la del público en general? No seamos ingenuos. Podría formarse un imperio tiránico que gobierne al mundo, y tenga acceso a toda la información de los ciudadanos, sin que la mayoría se dé cuenta. Una cosa es segura, todo el terreno estaría preparado. Pero todavía hay algo más preocupante: "Los Verichips". Más adelante analizaremos esto.

SEGUNDA PARTE
La Profecía

Capítulo 5

Una importante profecía

Veamos ahora la profecía. En especial una extraordinaria profecía de la Biblia.

La profecía

¿Crees en las profecías? Puede que creas o no. Pero analicemos una vieja profecía de la Biblia que se está cumpliendo ahora mismo y tiene que ver con todo lo que hemos analizado hasta aquí. La Biblia es un libro extraordinario. No analizaremos la religión, sino el cumplimiento de las profecías. Veremos diversos pasajes de la Biblia, los compararemos con la historia y las noticias de hoy, para que tú también te des cuenta, como se cumplen las profecías de la Biblia, comprobado por la historia y las noticias de hoy. Muchos han quedado muy impresionados con esto. Es una revelación, que según la misma Biblia, sería para los últimos tiempos. Esta es la revelación profética sobre política mundial más extraordinaria de todos los tiempos. Antes de surgir los imperios mundiales, que se han formado en la historia, Dios lo revelo con detalles, hasta llegar a nuestros días.

¿Qué es una profecía?

En la Biblia hay principalmente cuatro tipos de datos: narraciones de hechos que ocurrieron, mandamientos, promesas y profecías. ¿Qué significa la palabra profecía? Podríamos definirlo de manera libre y lo más simple como: "un vaticinio de lo que va a ocurrir en el futuro." Según la Biblia, Dios, que conoce el futuro, por medio de sueños, visiones y revelaciones les reveló a los profetas de la Biblia, las cosas que iban a ocurrir en el futuro, y los inspiró para que las escribieran a fin de que las generaciones futuras pudiéramos entenderlas. Algunos de ellos ni entendían lo que escribían, porque no era para ellos, ni para su tiempo.

No son difíciles de entender

Aunque algunos puedan pensar que interpretar estas profecías sea difícil, la realidad es que no necesariamente es así. Con los avances, inventos y conocimientos de hoy, analizando un poco cada una, comparándola con la historia y las noticias, podemos comprender muchas de ellas. De hecho esa fue la intención al escribirlas, para que los que puedan entender, las entiendan. En otros tiempos quizás podría parecer difícil para entender. Es obvio, no era para esa época, aún no habían acontecido algunos eventos profetizados, ni inventos descubiertos o construidos, así que no se podían entender. Pero ahora si podemos entender esas profecías. Tú mismo te darás cuenta.

La Biblia dice:

"Porque no hará nada el Señor, sin que {antes} revele su secreto a sus siervos los profetas." (Amos 3:7)

"Desde ahora os lo digo antes que suceda, para que cuando suceda, creáis que Yo Soy". (Juan 13:19)

"He aquí se cumplieron las cosas primeras, y yo anuncio nuevas cosas: antes que salgan a la luz, yo os las haré notorias". (Isaías 42:9)

Para entender las profecías

Antes de citar las profecías, aclaremos algo. Algunas personas no entienden las profecías porque se confunden cuando leen en la Biblia, por ejemplo, que habla de bestias que salen del mar, sellos, trompetas, copas, vacas flacas que devoran gordas y se quedan flacas, etc. Para poder entender mejor esto es necesario comprender que en muchas de estas profecías se usan símbolos. Tomemos este mismo ejemplo de las "bestias que salen del mar". Esto no significa que del océano saldrán monstruos marinos que atacarán a las gentes. La misma Biblia da el significado. En Daniel 7:17 dice: "Estas cuatro grandes bestias son cuatro reyes que se levantarán en la tierra," o sea, que estas bestias significan Imperios. De las naciones (mar) surgirían unas potencias, gobiernos, imperios (bestias). Aun en nuestros días se usan símbolos de animales para representar naciones. Por ejemplo el

Águila de Estados Unidos, el Oso de Rusia, un Dragón para China, el Gallo de Francia y otros. Tengamos esto en mente cuando analicemos estas profecías.

Los siete imperios mundiales

Para poder entender mejor esta profecía hagamos un trasfondo histórico más detallado, para ponernos en contexto.

En Apocalipsis, último libro de la Biblia, en el capítulo 17 versos 10 al 14 dice "...**son siete reyes. Cinco de ellos han caído; uno es, y el otro aún no ha venido; y cuando venga, es necesario que dure breve tiempo. La bestia que era, y no es, es también el octavo; y es de entre los siete, y va a la perdición. Y los diez cuernos que has visto, son diez reyes, que aún no han recibido reino; pero por una hora recibirán autoridad como reyes juntamente con la bestia. Estos tienen un mismo propósito, y entregarán su poder y su autoridad a la bestia. Pelearán contra el cordero y el cordero los vencerá, porque él es Señor de señores y Rey de reyes; y los que están con él son llamados y elegidos y fieles."**

Resumiendo, aquí habla de **siete reinos** que dominarían al mundo. Dice que, para cuando se profetizó esto en Apocalipsis, (aproximadamente en el año 90 después de Cristo), cinco de ellos habían caído, uno estaba gobernando en esa época, otro vendría antes del fin. Cuando estudiamos los libros de historia secular que tenemos disponibles, vemos que exactamente han surgido cinco imperios mundiales (o sea que han dominado todo el mundo conocido, no solo sus imperios), antes del imperio de Roma (que era el que estaba cuando se escribió el Apocalipsis). Además, desde ese imperio no ha surgido ningún otro que domine toda la tierra hasta ahora; que sería el que faltaría.

Veamos los imperios mundiales que han dominado todos los reinos conocidos:

1. Egipcio (1600-1200 a.C.)
2. Asirio (900 – 607 a.C.)
3. Babilónico (606 – 536 {538} a.C.)
4. Medo – Persa (536 {538} – 330 {331} a.C.)
5. Grecia (330 {331} – 146 {168} a.C.)
6. Romano (146 {168} a.C. – 476 d. C)

Veamos cómo comenzó esta profecía
Después de la caída de los dos primeros imperios que gobernaron todo el mundo, a saber Egipto y Asiria, surgió el imperio de Babilonia. Según los historiadores esto ocurrió para el año 605 al

562, antes de Cristo, en lo que es ahora Irak. Allí surgió uno de los imperios más poderosos que jamás haya existido. Fue el imperio gobernado por el rey Nabucodonosor. En la Biblia, el relato está en el libro de Daniel. La Biblia relata que el rey deseaba saber, en su mente y su corazón, lo que le ocurriría a su majestuoso imperio, después que él muriera. Entonces tuvo un sueño. (Daniel capítulo 2). En su sueño Nabucodonosor veía una estatua gigante que se erigía en un valle, y que cada parte del cuerpo de la misma estaba hecho de diferentes metales. La cabeza era de oro, el pecho de plata, los muslos de bronce, sus piernas de hierro y los pies en parte de hierro y en parte de barro. El relato dice que estuvo mirando hasta que arrancaron una piedra y la tiraron a los pies de la estatua. Al chocar contra la estatua la piedra la destruyó haciéndola polvo, y la roca "se quedó reinando".

El no entendía qué significaba todo esto. Así que Dios le dio la interpretación por medio del profeta Daniel. La revelación fue la siguiente: Cada una de las partes de la estatua correspondía a los diferentes imperios que vendrían a la tierra después de la muerte de Nabucodonosor (como él deseaba saber). Pero no solo después de su muerte, sino hasta nuestros días. Finalmente, vendría un imperio de roca que quedaría reinando.

Cuatro bestias

Más adelante en el mismo libro de Daniel (Capitulo 7), Dios vuelve a revelarse, esta vez al mismo Daniel por medio de una visión para darle más detalles de esta revelación. En esta ocasión Daniel ve salir del mar cuatro grandes bestias, diferentes unas de las otras. La primera era como un león, y tenía alas como de águila. La segunda era como un oso. Tenía tres costillas en la boca, y se alzaba más de un costado que del otro y le dijeron: "Levántate, devora mucha carne." La tercera era semejante a un leopardo, con cuatro alas de ave y cuatro cabezas; y le fue dado dominio. La cuarta era espantosa y terrible y en gran manera fuerte. Tenía grandes dientes de hierro. Todo lo devoraba, desmenuzaba y destruía; y tenía diez cuernos. Salió otro cuerno pequeño (y arrancaron tres de los primeros) con ojos de hombre y una boca que hablaba blasfemias. (Daniel 7:4-8).

Comparando las revelaciones

Dios le demostró a Daniel que estas dos revelaciones, la estatua y las bestias, tenían el mismo significado.

1. La cabeza de oro y la bestia como león, era el imperio de Babilonia.
2. Los pechos de plata y el oso, fue el imperio de Medo Persa.

3. Los muslos de bronce y el leopardo de cuatro cabezas y cuatro alas, era Grecia, con Alejandro Magno.
4. Las piernas de hierro y la bestia terrible, fue el imperio de Roma.
5. Los pies de barro con hierro y el cuerno pequeño es el último imperio, que aún no ha tomado dominio, pero que, como vamos a ver, tomará pronto dominio del mundo.

Tal y como Dios se lo reveló a Daniel, antes que ocurrieran, así mismo sucedió. Nabucodonosor murió, luego también Daniel, pero la profecía siguió su cumplimiento. Hoy todo eso está cumplido y escrito en la historia del mundo.

Profecías y la historia
Oro
"La cabeza de esta imagen era de oro fino." (Daniel 2:32). "Tú eres aquella cabeza de oro." (Daniel 2:38)
Plata
"Sus pechos y sus brazos, de plata…" (Daniel 2:32) "Y después de ti se levantara otro reino inferior al tuyo." (Daniel 2:39).
Bronce
"Su vientre y sus muslos, de bronce…" (Daniel 2:32) "…y luego un tercer reino de bronce, el cual dominará sobre toda la tierra." (Daniel 2:39)

Hierro

"Sus piernas de hierro…" (Daniel 2:33) "Y el cuarto reino será fuerte como hierro; y como el hierro desmenuza y rompe todas las cosas, desmenuzará y quebrantará todo." (Daniel 2:40)

Hierro y barro cocido

"Sus pies, en parte de hierro, y en parte de barro cocido…" (Daniel 2:33)

"Y lo que viste de los pies y los dedos, en parte de barro cocido de alfarero, y en parte de hierro, será un reino dividido; mas habrá en él algo de la fuerza del hierro, así como viste hierro mezclado con barro cocido" (Daniel 2:41)

Babilonia 606 – 538 AC

Este imperio fue muy poderoso. Por eso se comparaba con el oro. La ciudad medía unos 3,900 kilómetros cuadrados. Tenía 25 avenidas, un doble muro de diez metros de espesor. Un canal de los Ríos Éufrates y Tigris la rodeaba. Podía soportar un sitio de diez años. Daniel vivió en este reinado y fue asesor del rey. El león con alas de águila, era el símbolo nacional de Babilonia.

Medo- Persa: 538 – 331 AC

En el mismo libro de Daniel se narra la caída de Babilonia y cómo los Medos - Persas dominaron la ciudad. Las tres costillas en la boca del oso representaban los tres reyes que tuvieron los Medo – Persas.

Grecia: 331 – 168 AC

El leopardo, es de las cuatro bestias que vio Daniel, la más rápida. Además tenía cuatro alas lo que la hacía más rápida. Lo que esto representaba era lo rápido que surgiría este imperio. Esto se cumplió con Grecia, bajo el liderato de Alejandro Magno, su líder máximo, que en solo doce años dominó al mundo de entonces. Esto pudo lograrse porque Alejandro no construyó un imperio, más bien conquistó el que estaba. Lo impresionante es como Dios lo profetizó cientos de años antes. Las cuatro cabezas del leopardo significaban los cuatro generales que tenía, los cuales a su muerte se dividieron el imperio (Egipto, Siria, Macedonia, Asia Menor). Alejandro murió aproximadamente a los 30 años de edad, según la historia, después de una fiesta de orgías, borracho y enfermo.

Roma: 168 AC – 476 DC

En el año 168 AC, después de varias guerras, finalmente Grecia cae en manos de Roma. Gibbons, un escritor antiguo, confirmando la profecía de Daniel escribió: "Las armas de la república, a veces vencidas en las batallas, pero siempre victoriosas en la guerra, avanzaron rápidamente y las imágenes de oro, plata, o bronce que pudieron servir para representar las naciones y sus reyes fueron sucesivamente destrozados por la férrea monarquía de Roma." Hipólito también escribió: "Alégrate bendito Daniel, no estabas equivocado… ya rige el hierro." Así se cumplió también la profecía de la cuarta bestia. Finalmente Roma, poco a poco, va destruyéndose. La corrupción, las luchas políticas y religiosas, y luego las invasiones de los bárbaros, provocaron la caída de Roma. Desde la caída del Imperio Romano, nunca antes se ha levantado un imperio que domine toda la tierra. Diferentes naciones y líderes han tenido esas ansias de conquista. A pesar de múltiples intentos a través de la historia, ninguno lo ha logrado hasta ahora (como lo mencioné anteriormente). Han pasado más de 1,500 años, aproximadamente, sin surgir un imperio así. La historia probó que la profecía de Daniel se cumplió al pie de la letra. La Biblia revela que resurgirá parte del imperio de Roma (los pies de hierro y barro y el cuerno pequeño de la bestia) y formarán un nuevo imperio humano antes del fin: el séptimo imperio. ¿Qué ha ocurrido con los países que componían el imperio de Roma, de donde resurgiría ese imperio de hierro y barro? Veamos.

Capítulo 6
Resurge el último imperio

La profecía de Daniel acerca de la última bestia menciona que el último imperio humano resurgiría del hierro con barro, o sea de los países que componían el antiguo Imperio de Roma, por medio de: "alianzas humanas". (Daniel 2:43)

Así lo dice La Biblia:
"Después de esto miraba yo en las visiones de noche, y he aquí la cuarta bestia, espantosa y terrible y en gran manera fuerte, la cual tenía unos dientes grandes de hierro; devoraba y desmenuzaba, y las sobras hollaba con sus pies, y era muy diferente de todas las bestias que vi antes de ella, y tenía diez cuernos. Mientras yo contemplaba los cuernos, he aquí que otro cuerno pequeño salía entre ellos, y delante de él fueron arrancados tres cuernos de los primeros; y he aquí este cuerno tenía ojos como de hombre, y una boca que hablaba grandes cosas. Estuve mirando hasta que fueron puestos tronos, y se sentó un Anciano de días, cuyo vestido era blanco como la nieve, y el pelo de su cabeza como lana limpia; su trono llama de fuego, y las ruedas del mismo, fuego ardiente. Un rio de fuego procedía y salía de delante de él,

millares de millares le servían, y millones de millones asistían delante de él; el Juez se sentó y los libros fueron abiertos. Yo entonces miraba a causa del sonido de las grandes palabras que hablaba el cuerno; miraba hasta que mataron a la bestia, y su cuerpo fue destrozado y entregado para ser quemado en el fuego. Habían también quitado a las otras bestias su dominio, pero les había sido prolongada la vida hasta cierto tiempo." (Daniel 7:7-12)

La cuarta bestia

Cuando Daniel preguntó sobre la cuarta bestia un ángel dijo: "La cuarta bestia será un cuarto reino en la tierra, el cual será diferente de todos los otros reinos, y a toda la tierra devorará, trillará y despedazará. Y los diez cuernos significan que de aquel reino se levantarán diez reyes; y tras ellos se levantará otro, el cual será diferente de los primeros, y a tres reyes derribará. Y hablará palabras contra el Altísimo, y a los santos del Altísimo quebrantará, y pensará en cambiar los tiempos y la ley; y serán entregados en su mano hasta tiempo, y tiempos, y medio tiempo. Pero se sentará el Juez, y le quitarán su dominio para que sea destruido y arruinado hasta el fin, y que el reino, y el dominio y la majestad de los reinos debajo de todo el cielo, sea dado al pueblo de los santos del Altísimo, cuyo reino es reino eterno, y todos los dominios le servirán y obedecerán." (Daniel 7:23-27)

En el sueño de la imagen de diferentes metales (que son la misma cosa), hablando del último imperio dice: "Y el cuarto reino será fuerte como hierro; y como el hierro desmenuza y rompe todas las cosas, desmenuzará y quebrantará todo." (Daniel 2:40)

Alianzas humanas

"Y lo que viste de los pies y los dedos, en parte de barro cocido de alfarero y en parte de hierro, será un reino dividido; mas habrá en él algo de la fuerza del hierro, así como viste hierro mezclado con barro cocido. Y por ser los dedos de los pies en parte de hierro y en parte de barro cocido, el reino será en parte fuerte, y en parte frágil. Así como viste el hierro mezclado con barro, se mezclarán por medio de alianzas humanas; pero no se unirán el uno con el otro, como el hierro no se mezcla con el barro." (Daniel 2:41-43)

Estas dos profecías revelan claramente que el imperio de Roma iba a resurgir con la unión de varias naciones. Pero que sólo se unirían por medio de "**alianzas humanas**".

¿Qué le ocurrió al imperio de Roma?

La historia revela que al caer el imperio de Roma surgieron varios estados soberanos (países independientes) del mismo territorio que comprendía el Imperio Romano. ¿Cuáles fueron algunos de los países que surgieron? Alemania, Francia, Suiza, España,

Italia, Portugal, Bélgica, Dinamarca, Irlanda, Luxemburgo, Holanda, Grecia, entre otros. La profecía, como hemos visto antes, dice que resurgirá una potencia unida por "**alianzas humanas**", de aquel reino (Daniel 2:43).

¿Qué está ocurriendo ahora?

Como he mencionado antes, ha habido muchos intentos en estos países de levantar un imperio unido, pero ninguno lo logró. El intento más radical por unir a Europa lo fueron la Primera y Segunda Guerra Mundial. Luego el comunismo de Rusia lo intentó, al ocupar los países del pacto de Varsovia. Ninguno lo logró. Sin embargo el deseo y espíritu de ver una Europa unida continuó por mucho tiempo. Entonces ahora, súbita y curiosamente en nuestros días, por primera vez, después de tantos años, se une Europa. Casi sin planificarlo, fue evolucionando un plan de integración económica, que casi como un milagro, culminó en la unión tan anhelada de Europa. Sin revueltas, sin guerras, sin derramamiento de sangre. Todo comenzó con un intento de unir sus relaciones comerciales y económicas. Poco a poco y al paso de muchos años, finalmente se establece la Unión Europea, integrando países, economías y monedas. La historia nos dice cómo surgió y evolucionó este nuevo imperio.

Evolución Histórica de la Unión Europea

1946: Winston Churchill aboga por los "Estados Unidos de Europa".

1951: Seis miembros fundadores establecen la Comunidad Europea del Carbón y del Acero. (Alemania, Bélgica, Francia, Italia, Luxemburgo y los Países Bajos)

1957: Esos seis miembros, establecen un mercado común mediante la firma de los **Tratados de Roma**. Así nace la "Comunidad Económica Europea" (CEE) y la Comunidad Europea de la Energía Atómica (Euratom)

1973: Se amplía a nueve Estados miembros. Entran Dinamarca, Irlanda y el Reino Unido, y desarrolla sus propias políticas comunes.

1979: Primeras elecciones directas al Parlamento Europeo.

1981: Grecia pasa a ser el décimo miembro.

1986: España y Portugal se incorporan a la CEE.

1989: Cae el muro de Berlín, preludio de la reunificación alemana y de la entrada de los alemanes del este en la Comunidad Europea.

1992: Firma del Tratado de la Unión Europea en Maastricht.

1993: Finalización del Mercado Único. La CEE se convierte en la **Unión Europea** (UE). Se autorizada la libre circulación de mercancías, servicios, personas y capitales en la UE.

1995: La UE se amplía a quince miembros. Ingresan tres países más, Austria, Finlandia y Suecia.

2002: Introducción de los billetes y las monedas de la nueva moneda: el euro.

2004: Diez nuevos países se adhieren a la Unión. Entran ocho de Europa Central y Oriental (Chequia, Eslovaquia, Eslovenia, Estonia, Hungría, Letonia, Lituania, Polonia), poniendo fin a la división de Europa decidida sesenta años antes por las grandes potencias en Yalta. Dos más se adhieren también: Chipre y Malta.

2007: Dos países más de Europa Oriental, Bulgaria y Rumanía, ingresan en la UE.

Los miembros de la Unión Europea hasta hoy, suman **27. Estos son:** Austria, Bélgica, Bulgaria, Chipre, República Checa, Dinamarca, Eslovaquia, Eslovenia, España, Estonia, Finlandia, Francia, Alemania, Grecia, Hungría, Irlanda, Italia, Letonia, Lituania, Luxemburgo, Malta, Países Bajos, Polonia, Portugal, Reino Unido, Rumanía y Suecia.

Al presente, otros más son candidatos a la adhesión. (Croacia, la Antigua República Yugoslava de Macedonia y Turquía). Según muchos analistas, otros más se irán integrando poco a poco.

¿Será este el imperio que profetizo Daniel?

Hay muchos puntos que podrían confirmar esto. Veamos algunos.

En primer lugar, nunca antes se había levantado otro imperio de las ruinas del Imperio Romano, a pesar de, como hemos dicho, tantos intentos.

Segundo, los países que forman esta nueva unión, pertenecieron al antiguo imperio de Roma, como lo menciona la profecía.

Tercero, están unidos por medio de "alianzas humanas". Cada país sigue siendo su país, solo están unidos por acuerdos.

"No selles las palabras de la profecía"

Hay algo más impresionante aún que confirma esto. Cuando Daniel indagó más detalles de esta profecía, Dios no le dio más detalles. Inclusive le dijo: **"Anda, Daniel, pues estas palabras están cerradas y selladas hasta el tiempo del fin."** (Daniel 12:9), como ya le había dicho: **"Pero tú, Daniel, cierra las palabras y sella el libro hasta el tiempo del fin."** (Daniel 12:4) Obviamente no era el momento para darle más detalles en aquella época remota, porque no lo entendería. Para ese tiempo comenzaba el cumplimiento de la primera bestia, aún faltaban tres. Ni siquiera Jesucristo había nacido en Belén. Todavía faltaba mucho tiempo, antes de surgir nuestros tiempos, donde era que se formaría este último imperio. Pero luego de que pasaran los tres primeros imperios, en la misma época del imperio de Roma, Dios vuelve a revelar el misterio de la última bestia. Esta vez se lo revela a Juan, en la isla llamada Patmos, donde le dio la revelación del libro de Apocalipsis. A este claramente le dice: **"No selles las palabras de la profecía de este libro, porque el tiempo está cerca."** (Apocalipsis 22:10) Así que a Juan le da más detalles de la última bestia que era la que faltaba por surgir. En Apocalipsis 13, está registrada la continuación de la profecía de Daniel. Allí Juan ve una bestia. Esta bestia que vio Juan tiene las mismas características de la cuarta que vio Daniel, así que se entiende que es la misma. Pero ahora revela algo que no le reveló a Daniel, y es lo que vamos analizar más a fondo en los próximos capítulos, que confirma aún más lo que estamos hablando. Pero antes, permíteme explicarte algo muy importante.

Capítulo 7

Entendiendo las revelaciones

Permíteme hacer un paréntesis para que podamos entender la revelación de Apocalipsis 13, y luego continuaré explicándolo.

¿Cómo podemos interpretar las profecías de la Biblia?

Otro dato bien importante para poder entender estas revelaciones se puede deducir analizando lo que el Señor le dice a Juan cuando le revela el Apocalipsis. A él lo habían desterrado, como he dicho antes, en la isla de Patmos, una isla rocosa y desierta para que muriera. Allí el Señor le da la revelación del Apocalipsis. Entonces el Señor le dice: "Escribe las cosas **que has visto, y las que son, y las que han de ser** después de éstas." (Apocalipsis. 1:19) Esto es bien importante. Analicemos bien esto que le dijo el Señor. Aquí hay tres cosas que él debía hacer. Primero Iba a escribir: "**lo que veía**", tal y como lo veía. Narrando la visión, como si alguien te pidiera que fueras a ver una película y la narraras escribiéndolas. Luego, debía escribir las cosas como las conocía o entendía ("**las que son**"), de acuerdo al conocimiento que él tenía de su época. Finalmente **"lo que ha de ser"**. O sea lo que es en realidad, después de la interpretación. Eso más que nada es para nosotros.

Esto quiere decir que Juan iba a escribir lo que veía, lógicamente basado en lo que él conocía. Así fue que los profetas escribieron las visiones proféticas de la Biblia. Por eso cuando estamos buscando la interpretación de esas visiones o revelaciones que eran para el futuro (o sea, no para su época, sino para la nuestra) tenemos que analizar como ellos la veían, la entendían y en que se asemeja hoy para ver cómo se cumplirá. Hay que recordar que ellos escribían lo que veían, y lo asimilaban con el conocimiento científico de esas épocas remotas.

Símbolos

Además, en la interpretación (que es lo que nos toca a nosotros), debemos ver dos cosas más, que es importante entender, para comprender el significado de las cosas que se dicen allí. Primero son los símbolos. Repitiendo lo que dije antes, algunas cosas que se mencionan son simbólicas. Por ejemplo: una "bestia" que sale del agua, no es un monstruo marino, que sale del mar. En la Biblia "bestia" significa imperio o reino. "Que sale de las aguas", significa que sale de las gentes o naciones. A faraón en Egipto le reveló una hambruna mundial para su época. ¿Cómo? Tuvo un sueño con siete vacas gordas y siete flacas. Las flacas se comieron las gordas y se quedaron igual de flacas. Era un simbolismo. Siete eran los años, las vacas gordas eran años de abundancia, las flacas la hambruna. Así que cuando leemos en la Biblia las visiones, revelaciones, y algunas profecías debemos recordar que algunas cosas son símbolos. Entonces debemos analizarlas bien y entender cuál es el mensaje para encontrar la interpretación correcta.

Semejanzas

Otra cosa son las "semejanzas". Muchas veces ellos dicen: "veo algo semejante". No podemos olvidar que los profetas y apóstoles que escribieron estas cosas vivieron hace más de 2,000 años atrás. En aquella época ellos no tenían el conocimiento científico que tenemos hoy. Ellos veían el futuro en una época remota. Lo veían, pero no lo entendían. Su misión era solo darlo a conocer, no interpretarlo, pues era para otra época. Más del 90 % de los inventos de la raza humana se han hecho en los últimos cien a doscientos años. Así que cuando ellos veían estas revelaciones las describían "semejándolos" con las cosas que ellos conocían de su época o habían visto. Por eso usaban el término "veo algo semejante". Cada día que nos acercamos al fin se va armando el rompecabezas del cumplimiento de estas extraordinarias profecías. A medida que pasan los años va surgiendo más información y noticias que confirman aún más lo que hemos dicho.

Autos

Veamos un ejemplo de esto. Un profeta que nació hace más de 2000 años atrás, llamado Nahúm, vio el invento de los automóviles que usamos hoy día. Por supuesto él no podía decir. "Veo automóviles que funcionan mecánicamente por combustión con motores impulsados de un derivado del petróleo (gasolina), que produce mucho ruido al encender, además electricidad, para encender faroles con luces encendidas y corren a 100 kilómetros por hora, por las calles y plazas de las ciudades. No podía describirlo así, porque no conocía los conceptos que fueron descubiertos e inventados recientemente y que tú y yo conocemos. Pero los vio, y lo relató lo mejor que pudo, de acuerdo al conocimiento de su época. Así lo describió Nahúm:

"Los carros se precipitarán a las plazas, con estruendo rodarán por las calles; su aspecto será como antorchas encendidas, correrán como relámpagos". (Nahúm 2:4)

Una descripción bastante lógica y aceptable de algo que veía en visión, pero que no sabía lo que era. Máximo cuando la describió más de 2,000 años antes de inventado. ¿No te parece? En su época él conocía los carros de caballo, las antorchas encendidas, que era con lo que se alumbraban, y había visto los relámpagos en el cielo que era lo más veloz que conocía. Por eso los usó de referencia al describir su visión, o sea semejanzas de lo que conocía.

Bombas químicas

Otro ejemplo es lo que el apóstol Juan pudo ver de lo que hoy conocemos como parte de la guerra bacteriológica. El vio algo que caía del cielo y envenenaba las aguas. Obviamente descrita según el mejor conocimiento de su época. Así lo describió:

"cayó del cielo una gran estrella, ardiendo como una antorcha, y cayó sobre la tercera parte de los ríos y sobre las fuentes de las aguas." Contaminó las aguas y muchos hombres murieron. (Apocalipsis 8:10, 11)

Para esa época, lo único que "caía del cielo", según su conocimiento, eran los meteoritos, que ellos llamaban estrellas. Pero ningún meteorito puede envenenar todas las aguas de los ríos. Sin embargo hoy día nosotros sabemos que hay otras cosas que caen del cielo, que no necesariamente son "estrellas", ni meteoritos. Del cielo hoy caen **bombas desde aviones, inclusive químicas, que pueden contaminar los cuerpos de agua.** Pero Juan no tenía ese conocimiento en su época, así que la describió a base de lo que conocía, lo mejor que pudo.

Quiero que recuerdes bien esto, al ver las siguientes dos importantes revelaciones de esta profecía, de la que estamos hablando, a continuación.

Capítulo 8
La imagen de la bestia

Entendiendo como se interpretan algunas revelaciones, quiero que volvamos al relato de Apocalipsis 13 del que estábamos hablando.

Repasemos un poco lo que hablamos

En el Apocalipsis, el apóstol Juan tiene la visión del fin del mundo. En el capítulo 13 habla de este último imperio del cual estamos hablando. Allí él ve una bestia parecida a la que vio Daniel. Ve solo una porque las primeras tres ya habían pasado. Esta que ve, es la misma cuarta que vio Daniel. Lo podemos corroborar porque al compararlas vemos las similitudes. Las dos "salen del mar" (Daniel 7:3 – Apocalipsis 13:1). Ambas tienen diez cuernos (Daniel 7:7 – Apocalipsis 13:1). Además, un cuerno que habla blasfemias (Daniel 7:8, 25 – Apocalipsis 13:5). Pelea contra los santos (Daniel 7:25 – Apocalipsis 13:7). Su reinado de terror durará tres años y medio (Daniel 7:25 – Apocalipsis 13:5). Cuarenta y dos meses son tres años y medio.

Veamos el pasaje de Apocalipsis 13:1 al 6. "Me paré sobre la arena del mar, y vi subir del mar una bestia que tenía siete cabezas y diez cuernos; y en sus cuernos diez diademas; y sobre sus cabezas, un nombre blasfemo. Y la bestia que vi era semejante a un leopardo, y sus pies como de oso, y su boca como boca de león. Y el dragón le dio su poder y su trono, y grande autoridad. Vi una de sus cabezas como herida de muerte, pero su herida mortal fue sanada; y se maravilló toda la tierra en pos de la bestia, y adoraron al dragón que había dado autoridad a la bestia, y adoraron a la bestia, diciendo: ¿Quién como la bestia, y quién podrá luchar contra ella? También se le dio boca que hablaba grandes cosas y blasfemias; y se le dio autoridad para actuar cuarenta y dos meses. Y abrió su boca en blasfemias contra Dios, para blasfemar de su nombre, de su tabernáculo, y de los que moran en el cielo."

Quiero que observes con mucho cuidado lo que te voy a volver a citar ahora, luego veremos algunos de los acontecimientos de lo que ocurre hoy, para que tú compares y "entendamos la revelación".

La Biblia dice que de este reinado vendría otra bestia (se menciona como un líder espiritual, falso profeta) que ayudará al líder de este imperio. De éste dice: "engaña a los moradores de la tierra con las señales que se le ha permitido hacer en presencia de la bestia, mandando a los moradores de la tierra que le hagan **imagen a la bestia**... Y se le permitió infundir aliento a la imagen de la bestia, para que la imagen hablase e hiciese matar a todo el que no la adorase. Y hacía que a todos, pequeños y grandes, ricos y pobres, libres y esclavos, se le pusiese una **marca** en la mano derecha, o en la frente; y que ninguno pudiese comprar ni vender, sino el que tuviera la marca o el nombre de la bestia, o el número de su nombre. **Aquí hay sabiduría**. El que tiene entendimiento, cuente el número de la bestia, pues es número de hombre. Y su número es seiscientos sesenta y seis." (Apocalipsis 13:14-18)

Como habrás notado, aquí dice que, se le hará una **imagen a la bestia**, la cual hablará y mandará a que todo el mundo sea "marcado" en la frente o en la mano, y que ninguno podrá comprar ni vender sino el que tenga esta marca que se asocia con el número seiscientos sesenta y seis (666).

Resumen Noticioso

Ahora, analicemos lo que han informado los medios noticiosos del mundo, relacionado al nuevo imperio de Europa, y la economía mundial, con este breve resumen.

Al principio de la década de los 70, del siglo veinte, en diversos medios noticiosos a nivel mundial comenzaron a salir los primeros informes del anuncio de lo que para entonces se llamaba: "ECU, La confederación del Mercado Común Europeo" (cuando se estaba formando la actual Unión Europea). En aquel entonces se informaba que como resultado del caos económico mundial, estaba en preparación un plan de restauración computado electrónicamente. En una reunión, los líderes del ECU, le quitaron el velo a "La Bestia". La Bestia, (llamada así por los trabajadores por lo enorme de su tamaño), era una computadora gigantesca que ocupaba tres pisos del edificio de administración de las oficinas centrales del Mercado Común Europeo. (Con el tiempo se han establecido otros enormes centros computarizados de análisis y procesamiento de información en otros lugares, todos unidos mundialmente.)

Expertos en computadora habían estado elaborando un plan para computar electrónicamente todo el comercio mundial. Este plan consistía en asignarle un número a cada habitante de la tierra. La computadora tendría un archivo de cada ciudadano, con su número. Estos números se usarían en toda compra y venta. Primero se usaría en los países del ECU, luego se extenderían al resto del mundo. Aunque inicialmente se sugirió que el número seria tatuado con rayos láser, más adelante se estableció que podría ser más eficiente incrustando los llamados: "MicroChips" o "VeriChips;" (en un capítulo más adelante hablaremos sobre esto). En un estudio reciente, la compañía que produce estos "microchips" gasto 1.5 millones de dólares buscando cual sería el mejor lugar del cuerpo humano para colocar estos "microchip". Encontraron dos lugares satisfactorios y eficientes: en la frente o en la mano.

Se sugirió que usando unidades de seis dígitos se le podría asignar al mundo entero un número de crédito efectivo.

Se sugirió además, que el caos y desorden causado por la crisis económica mundial señalaría la necesidad de un sistema monetario mundial. Se eliminarían todas las otras monedas y en vez de ellas, toda nota de crédito seria intercambiada a través de un centro de compensación bancario mundial. En este caso ningún miembro podría comprar ni vender sin tener un marco numerado. Ellos comenzaron años después al establecer el EURO.

Sistemas establecidos

Por otro lado, desde entonces, se han establecido en muchas tiendas a través de los comercios en diversos países, sistemas de transferir fondos electrónicamente.

Registradoras que leen los símbolos de los productos en venta y también los números de las tarjetas del cliente y hacen la transacción electrónica instantánea directamente a la cuenta del banco. Cada producto comercial, desde pasta de dientes hasta otros de enorme tamaño, son marcados con rayitas, números y letras, en alguna que otra parte de los mismos. Estas barras son las que leen la información del producto.

Este número consistirá de tres grupos de seis, ejemplo: seis números, seis números, seis números, o sea 666."

Marcados

Cuando comience este sistema, cada persona tendrá su propia cuenta bancaria con su número privado, que revelará su valor y otros datos para el inventario práctico del gobierno mundial. Esta marca identificará a las personas, y la computadora hará la transacción de compra directamente con el banco, acreditándole o restándole de sus cuentas bancarias. Todo lo que se compre, trabaje o venda, será llevado a esta forma de codificar, y sin su número nadie podrá (legalmente) hacer ningún tipo de gestión de negocio o labor

Computadoras que hablan

Otro dato importante que cabe señalar es que, como todos sabemos, hoy diversas compañías han inventado computadoras que literalmente "hablan".

Hoy se está cumpliendo

Esto comenzó anunciarse en la década de los setenta del siglo veinte. Como todos sabemos hoy, prácticamente todo el comercio ha establecido esto. Cuando observamos la evolución del Mercado Común (en la tabla histórica que vimos anteriormente), y lo analizas con esto, podemos notar cómo todo fue evolucionando y cumpliéndose tal y como hemos visto. Todo se está cumpliendo. Ya se unió Europa, tienen su moneda (el EURO), y el sistema económico del mundo está unido por computadoras, con la llamada: "globalización de la economía" por medio de la internet. Todo esto se ha cumplido al pie de la letra, la historia y las noticias de hoy lo han confirmado.

Juan vio "La imagen"

Ahora hablemos más de la visión que tuvo Juan cuando dijo que le hicieran una "imagen a la bestia". ¿Qué fue realmente lo que quiso decir? Yo creo que lo que Juan vio en visión no fue otra cosa sino esta enorme computadora que le llaman "la bestia". Cuando Juan describió la bestia que hablaba la describió como algo "semejante a una imagen alta que recibió vida porque hablaba." Él nunca había visto algo hecho por el hombre que hablara. Pero nosotros hoy sabemos que las computadoras "hablan". Él **no** podía decir: "veo una enorme computadora de tres pisos (10 metros, 30 pies) que se programa electrónicamente y que al estar conectada en internet a todo el mundo le asignará un número de tres grupos de seis, para que los humanos puedan vender y comprar, en vez de usar el trueque, canje o las monedas, porque todos los bancos están unidos vía satélite y las transacciones del dinero se hacen electrónicamente." Pero nosotros hoy si podemos decir eso y entenderlo, porque sabemos que hoy todo funciona así. El no entendía, pero lo vio, así que lo describió, según su conocimiento, lo mejor que pudo.

Así que, cuando Juan vio lo que él llamó: "la imagen de la bestia" que hablaba, tuvo que describirla de acuerdo al conocimiento de su época. Así que lo describió como mejor pudo.

Veamos otra vez la cita: "**engaña** a los moradores de la tierra con las señales que se le ha permitido hacer en presencia de la bestia, mandando a los moradores de la tierra que le hagan **imagen a la bestia**... Y se le permitió infundir aliento a la imagen de la bestia, para que la imagen **hablase** e hiciese matar a todo el que no la adorase. Y hacía que a todos, pequeños y grandes, ricos y pobres, libres y esclavos, se le pusiese una **marca** en la mano derecha, o en la frente; y que ninguno pudiese **comprar ni vender**, sino el que tuviera la marca o el nombre de la bestia, o el número de su nombre. **Aquí hay sabiduría**. El que tiene entendimiento, cuente el número de la bestia, pues es número de hombre. Y su número es **seiscientos sesenta y seis**." (Apocalipsis 13:14-18)

¿Ves la sabiduría? Lo que Juan vio en esta visión, fue la computadora que todos llaman "la bestia". Esa es "la imagen de la bestia."

Ahora podemos ver bien cómo se va formando este rompecabezas. El imperio que se formaría de las ruinas del viejo y anterior sistema de Roma, sería un imperio económico. El Mercado Común Europeo, ahora llamada la Unión Europea, se ha formado como un imperio económico. ¿Es todo esto pura coincidencia?

Capítulo 9

"VeriChip"

En diversos países del mundo, ya están implementando en comercios, hospitales, inclusive proponiendo leyes gubernamentales, para que a los ciudadanos se les implante un "VeriChip". ¿Qué significa esto? ¿La "marca" 666?

¿Qué es un "Verichip"?

El "VeriChip" es un nano-chip que contiene información que se lee al ser identificado por radio frecuencia (RFID). Del tamaño del doble de un grano de arroz, se implanta en la mano o en la frente a los seres humanos con una jeringuilla. Al escanearlo, responde con un número único de aproximadamente 16 dígitos (en el futuro esperan que sea de 18) que puede acceder a una base de datos para verificar la identidad del usuario almacenada, información personal, registro médico y más. En muchos lugares, como discotecas, restaurantes, y hoteles, ya se usa para acezar a cuentas bancarias para debitar los costos de las bebidas, comidas consumidas o servicios. En otros lugares para acezar información de salud de los pacientes. Inclusive se cree que pueda acezar a un dispositivo con la capacidad de localizar o ubicar geográficamente a las personas y rastrearlas (GPS). **"VeriChip"** es el primer implante a humanos aprobado por la "Food & Drug Administration" de los EUA en 2004.

En algunos países ya es obligatorio incrustar "microchip" en animales. Asimismo los "VeriChip" para recibir servicios gubernamentales. Los planes futuros serán que todos los habitantes del mundo tengan implantados estos "VeriChip". Quizás comiencen con quienes no pueden protestar, como por ejemplo a los soldados, los convictos, guardias penales, personas en probatoria o en libertad bajo palabra. Ya hay países que lo están implantando en programas piloto (de prueba), entre algunos de estos grupos. Poco a poco esto seguirá ampliándose hasta que sea tan común como las tarjetas de crédito.

Unión tecnología - humana

Según los planes tecnológicos, para integrar toda la actual tecnología al internet, resultaría más conveniente que en los cuerpos de los seres humanos haya un dispositivo que los "conecte" a las computadoras. Así se completa el siclo de la unión del ser humano con las máquinas. Estos "Verichips", incrustados en los cuerpos bien pueden cumplir esta integración.

Preocupación

Pero hay cierta preocupación sobre todo esto. Especialmente por la violación de la privacidad de los seres humanos e inclusive el control total de la humanidad. La realidad es que desde una perspectiva lógica y real de nuestros días, esta tecnología es vulnerable. Aunque la intención original sea que se facilite la información del usuario con el gobierno o algún comercio, lo cierto es que hay un gran riesgo de que, como ha ocurrido antes, los piratas cibernéticos logren acceso a información privilegiada y confidencial de los individuos. Más aún, de que en el futuro algún líder totalitario domine al mundo con las computadoras.

¿Qué relación tiene esto con la profecía de la Biblia?
Volvamos analizar esto con lo que dice Apocalipsis 13:15 al 16: "Y hacia que a todos, pequeños y grandes, ricos y pobres, libres y esclavos, se les pusiese una **marca** en la mano derecha o en la frente; y que ninguno pudiese comprar ni vender, sino el que tuviere la **marca** o el número de la bestia, o el número de su nombre. Aquí hay sabiduría. El que tiene **entendimiento, cuente** el número de la bestia, pues es número de hombre. Y su número es seiscientos sesenta y seis."

En primer lugar, se ha informado que para cuando se implanten a nivel mundial estos "Verichips" se necesitarán un total de dieciocho dígitos para poder proveerle a cada ciudadano del mundo un número. Se ha establecido que se usarán tres grupos de seis, o sea: seis números + seis números + seis números. Así se podría dar a cada habitante de la tierra un número individual. Si analizamos esto inmediatamente de entrada, vemos que al contarlos de esta forma los dieciocho dígitos en tres grupos de tres, se llega al número mágico de seiscientos sesenta y seis, 6+6+6 o 666. Ejemplo: 865243 864024 489402

La "marca"

Otro dato importante a considerar es que un estudio relacionado a esto revela que la palabra griega que se utiliza en la cita antes mencionada para **"marca"** es:

"τό χάραγμα" (tó cháragma -palabra neutra-: que significa: la **marca**, señal, desgarro, rasguño, picadura, mordedura, cicatriz (describe la perforación de una mordedura de serpiente) que es similar a usar una aguja o jeringuilla para colocar el "Verichip" bajo la piel.

Como hemos visto anteriormente, hay que entender, que los que escribieron estas visiones y revelaciones de la Biblia, narraban lo que veían y lo describían relacionándolo con el conocimiento de su época. Por eso decían: "veo algo **semejante**..." Obviamente Juan no podía decir: "veo que a las personas le incrustaban un "VeriChip" con una jeringuilla, en su mano derecha o en la frente. Simplemente porque lo escribió hace más de dos mil años atrás y no tenía el conocimiento científico de hoy. Pero él sí conocía que en su época los dueños **"marcaban"** las reses y a los esclavos para indicar que les pertenecían. Aún hoy, algunas reses son marcadas de la misma forma. Estas **marcas** se hacen con metales y atraviesan la piel. Así que cuando él ve que le ponían algo como una **"marca"** así lo describió.

El anticristo

Todas estas revelaciones de la Biblia lo que revelan es que en efecto surgirá un líder mundial que dominara al mundo. La Biblia lo llama El anticristo **(porque se opone a Dios - 2 Tesalonicenses 2:3,4).** Como hemos visto todo el terreno está preparado. En el próximo capítulo hablaremos más de esto. Pero antes debemos aclarar algo que confirma lo de la marca con el 666.

No es un sello (tatuaje)

Cuando algunos han hablado en el pasado del anticristo piensan que el anticristo va a poner un sello (como un tatuaje) con el número 666. Realmente si así fuera nadie se dejaría sellar, sabiendo que 666 se relaciona con el anticristo. Pero no olvidemos que el anticristo dominará con engaños. La verdad es que la Biblia no habla de "sellarse," sino que le pondrían una **"marca"**. Analicemos bien nuevamente lo que la Biblia dice:
"Y hacía que a todos, pequeños y grandes, ricos y pobres, libres y esclavos, se le pusiese una **marca** en la mano derecha, o en la

frente; y que ninguno pudiese comprar ni vender, sino el que tuviera la marca o el nombre de la bestia, o el número de su nombre."

Muy importante es analizar lo que continua diciendo.

"Aquí hay sabiduría. El que tiene **entendimiento**, cuente el número de la bestia, pues es número de hombre. Y su número es seiscientos sesenta y seis." (Apocalipsis 13:14-18)

En otras palabras había que tener "un **entendimiento**" y además había que "**contar**" el número. Esto da a entender claramente que no era simplemente "tatuar" el número seiscientos sesenta y seis (666). Pues si así fuera no había que tener ningún entendimiento especial, ni contar, sino simplemente "leer" el número. Había algo que requería **analizar con entendimiento** y luego **contarlo** para asociarlo con el número seiscientos sesenta y seis (666). Aquí se confirma perfectamente el análisis que traemos. El "VeriChip" será incrustado como una **marca** en la piel, y tendrá un número de identificación de dieciocho dígitos en tres grupos de seis (que es, como he dicho antes, como se puede conseguir un número para cada ciudadano del mundo en la actualidad) y "contándolos" como dice la Biblia: **"cuente el número de la bestia",** suman 6+6+6 (o sea seiscientos sesenta y seis -666).

He aquí otra pieza importante en la formación de este gran rompecabezas. Todo se prepara para el cumplimiento de esta gran profecía de la Biblia.

TERCERA PARTE
El futuro

Capítulo 10
El Impostor

El rompecabezas está armado:
La economía está en crisis y se encamina tarde o temprano hacia un colapso inevitable. La globalización es un hecho innegable, nada la detendrá. El sistema económico cambió para siempre con la llegada de las computadoras y la internet, con un riesgo de control total. El último imperio humano profetizado en la Biblia en los libros de Daniel y Apocalipsis está en formación. El debate sobre quién debe gobernar política y económicamente el mundo, está más vivo que nunca. Ante todo este panorama, el mundo se encamina hacia el cumplimiento total de la "Profecía sobre la crisis económica." "Con las computadoras y la economía, dominarán al mundo".

"Un dios o un diablo"
La cita atribuida a Paul-Henri Spaak, uno de los fundadores del Mercado Común Europeo, tiene quizás un tono de "vaticinio del futuro." Este dijo en uno de sus discursos:
"Lo que queremos es un hombre de una talla suficiente como para que pueda mantener las alianzas de todos los pueblos y

que nos eleve y saque del pantano económico en el que nos estamos hundiendo. Envíennos a ese hombre, y ya fuese que sea un dios o un diablo, lo recibiremos".

Como hemos mencionado antes, la Biblia enseña que en el momento determinado, surgirá un líder que usará el sistema establecido (y por consiguiente todos los inventos) para dominar al mundo. El mundo entero está buscando un líder que lo gobierne en unidad y paz o establezca un sistema que resuelva los principales problemas que aquejan la humanidad. De 3,500 años de historia, aproximadamente, más de 3,150 lo han sido de guerra. Pensemos en esto; menos de 300 años de paz en tres milenios. Todos anhelan la paz. Pero, ¿cómo lograrlo? A través de la historia muchos han intentado hacerlo pero nadie lo ha logrado.

Si estudias todo lo que ocurrió en el mundo desde 1900 hasta 1945, cuando surgieron y se desarrollaron la Primera Guerra Mundial, la Gran Depresión, Hitler y la Segunda Guerra Mundial, podrás ver que hoy se están dando todos los elementos para volver a repetir esa misma historia. La diferencia es que el último imperio se formaría no con guerras, sino por la economía, con aparente "paz y unidad." Ese líder vendrá, y tomará control de todo y no con guerras, como en el pasado, sino con "**aparente paz**", pero ¿será duradera? Ya hay un comienzo: se acaba de formar quizás el único imperio que ha sido establecido sin guerras, en paz, por la economía.

¿La tercera guerra mundial?

La realidad es que hoy no se puede formar un imperio mundial con guerras. Muchos se han preguntado: ¿Por qué aún no ha llegado la tercera guerra mundial? Desde el mismo momento que finalizó la Segunda Guerra Mundial estaba el terreno preparado para la tercera guerra mundial. Rusia, uno de los vencedores sobre los alemanes, con su líder Stalin quería dominar el mundo. Con la filosofía del comunismo y el respaldo militar, influyó para que otros países abrazaran el comunismo. China, Corea del Norte, Cuba y otros lo hicieron. Entonces en vez de comenzar la tercera guerra mundial comenzó lo que se dio por llamarse "la guerra fría". Una guerra, pero no declarada. Una guerra ideológica y económica entre el capitalismo y el comunismo. Unos tratando de que todo el mundo fuera socialista y comunista, otros tratando de impedirlo. Muchas veces hubo conflictos que pudieron haber provocado la temida tercera guerra mundial. La Guerra de Corea, Vietnam y lo más cercano que estuvo de ocasionarla, el conflicto de los misiles rusos en Cuba, pero, ¿por qué no ocurrió? Casi todo el mundo está de acuerdo en esto: La tercera guerra mundial aún no ha llegado porque una guerra de esa naturaleza implicaría una guerra atómica, lo que a su vez se transformaría en una aniquilación global. Albert Einstein, que vivió la Primera y Segunda Guerra Mundial, es considerado el padre de la bomba atómica (aunque él mismo no participó en su construcción). Con su teoría de la ley de la relatividad y la famosa ecuación $E= MC2$, revolucionó las ciencias. Se dice que alguien le preguntó en una ocasión como sería la tercera guerra mundial, y que él contestó: "Francamente, no sé cómo será la tercera guerra mundial, pero en cambio le puedo decir cómo será la cuarta. ¿La cuarta? ¿Cómo será?" (Le preguntaron) "Será de pie y con piedras y garrotes." Por supuesto, después de una tercera guerra mundial atómica, lo único que quedaría en el mundo serían piedras y palos. De ocurrir otra, tendría que pelearse con eso.

No hay duda, lo que hasta el día de hoy ha impedido la tercera guerra mundial no ha sido otra cosa sino la amenaza atómica. Por esto no ha ocurrido. Ningún imperio se atrevería tratar de conquistar todo el mundo hoy por las guerras. Resultaría imposible formar un imperio mundial como el pasado, mediante la guerra armada. La Segunda Guerra Mundial fue la evidencia más clara de ello. Con un saldo aproximado de cincuenta millones de muertos y países devastados de Europa, además de las bombas sobre Hiroshima y Nagasaki. Realmente con las bombas atómicas sería imposible al último imperio dominar al mundo por la fuerza militar, pues podría desatarse la guerra atómica. Por esto mismo la profecía de Dios, visualizando esta realidad, predijo que el último imperio dominaría al mundo no con guerras, ni bombas, sino **por la economía**. La última potencia gobernará mediante alianzas humanas, con aparente paz, unidad y por la economía, por lo menos en lo que se revela su verdadero objetivo.

Después que esté en el poder y tome dominio de todo, este líder se revelará, (vendrán los juicios que se revelan en el Apocalipsis), y al final de su mandato lanzará a la tierra a una guerra muy conocida y comentada, la llamada: **"guerra del Armagedón"**. "Cuando digan: paz y seguridad, entonces vendrá sobre ellos destrucción repentina…" (1 Tesalonicenses 5:3)

Nota

La información del cumplimiento de ésta y otras profecías relacionadas a este tema es mucha. No quiero ser muy extenso en este libro, para no cansar a mis lectores. Pues tengo planes de escribir la continuación de este libro, donde daré más detalles de este imperio del anticristo y otras profecías relacionadas. No obstante quiero resumir lo más importante ahora y mencionar algo sobre el anticristo.

¿Estoy en contra o atacando a los europeos?

Pero antes debo aclarar algo que considero importante decir. Al mencionar que este imperio lo dominara el anticristo, algunos pueden pensar que estoy insinuando que Europa es del mal y los otros no. Nada más lejos de la verdad. He leído y estudiado los objetivos y propósitos de la Unión Europea. Cualquiera que los lea, estará de acuerdo como yo, que la mayoría son ideas con el mejor deseo posible de ayudar a sus ciudadanos. Esto no es el "issue". El asunto preocupante es que el líder de este imperio engañará a todos, incluso a los líderes de la Unión Europea. Primeramente con aparente paz, unidad y prosperidad, hasta que tome el control de todo. Entonces revelará su verdadero propósito. Como Hitler engañó primeramente a Alemania, luego a Europa y después al mundo, éste hará lo mismo. De hecho la profecía dice que luchará contra algunos de los mismos líderes y derrotará a tres de ellos, aparentemente para poder afianzarse en el poder y tomar todo el control. (Daniel 7:8)

Usará el gobierno y el sistema económico para alcanzar el poder y dominar todo el mundo, pero luego revelará su verdadero objetivo: endiosarse y pedir adoración.

Prevenir

Al hablar de todo esto que hemos analizado juntos quiero que quede bien claro que no estoy, de ninguna forma en contra de los europeos, ni criticándoles o atacándoles. Amo a los europeos con todo mi corazón, como a todos los pueblos del mundo. Por esa misma razón, porque les amo, hablo de esto. Simplemente analizamos toda la información y les prevengo del futuro engaño.

Pero esto no solo tiene que ver únicamente con Europa y los europeos, porque aunque el líder mundial que engañara al mundo saldrá de allí, dominará al mundo entero, no solo a los europeos. Estamos hablando estas verdades para que todos, de todos los continentes, se aperciban y no sean engañados.

Sus nombres

En diferentes pasajes de la Biblia están las referencias que confirman las profecías del surgimiento de este líder. En varias escrituras se le menciona con diversos nombres, tales como: La bestia, el engañador, el cuerno pequeño, el hombre de pecado, hijo de perdición, el inicuo, el anticristo (Daniel 7:8, 2 Tesalonicenses 2:3-8, 1 Juan 2:18, Apocalipsis 13:1-8).

Dominará con engaño

Según la Biblia este líder, cuando se fortalezca, tomará el control total del último imperio y dominará el mundo con un régimen de terror, tortura y muerte. Pensará cambiar todo y con engaño prosperará. Hará guerra contra todos los que se le opongan y los matará. Será un régimen de terror como nunca antes ha existido. Hitler será el dedo meñique comparado con él. Lanzará a la tierra a los días que se conocen en la Biblia como "la grande tribulación" y a la guerra del Armagedón. (Daniel 9:27 – Mateo 24:15 al 21)

Pedirá Adoración

Desde el principio de los tiempos el hombre siente la necesidad de adorar a Dios. Su propia naturaleza interna le testifica que hay un Ser Supremo que creó y controla todo, el cual merece su total adoración. Pero también hay algunos seres humanos cuyo egoísmo los ha tentado con el deseo de ser, no solo admirados, sino incluso adorados.

En muchas civilizaciones los dirigentes se han auto denominados como descendientes directos de deidades para ellos mismos recibir adoración y así mantener el poder. Por dar algunos ejemplos podemos mencionar: los Faraones, los Cesares Romanos, dinastías japonesas o chinos. Inclusive Alejandro Magno, Napoleón, Mussolini, Franco, y Hitler, hay datos históricos que confirman que creían que tenían una misión de "deidades" que los habían escogido para sus misiones. Por eso se creían invencibles. Aunque parezca increíble (debido a que estamos en una generación llamada 'civilizada'), aún hoy sigue la misma tendencia. Este líder será una continuidad de lo mismo y pedirá adoración. Su ingenio, capacidad y habilidades le harán parecer superior y pedirá adoración y lo adorarán. (2 Tesalonicenses 2: 4)

Las religiones

En la mayor parte de los países la religión tiene un papel muy importante en las conductas de sus ciudadanos. Muchos no aceptarían cambios como estos si sus religiones no las aceptan. Esto ha sido así desde los comienzos de las civilizaciones. Este líder, lógicamente lo sabrá. Por esta razón tendrá otro líder religioso que será el precursor de su adoración. La Biblia lo llama "el falso profeta." Debido a que como he dicho, la finalidad de este líder será endiosarse y pedir adoración, el falso profeta trabajará en unificar las religiones a fin de preparar el camino para su adoración. (Apocalipsis 13:11al13 y capitulo 16:13,14) Dicho sea de paso, este plan desde hace un tiempo ha estado evolucionando. Algunos líderes religiosos han propuesto y hecho acercamientos para formar alianzas de las religiones y unirlas todas en una sola Iglesia. Este es "el espíritu" o filosofía del anticristo, que menciona la Biblia. Se debe respetar cada creencia, pero no necesariamente es buena idea unirlas todas. Pues podría traer consecuencias peligrosas, lógicos choques doctrinales, así como la creación de un "poder absoluto", que pueda controlar todo. Esa será la intención del anticristo. Pretenderá que muchos creerán que es el "mesías", que las principales religiones monoteístas esperan, y lo adoren.

El espíritu (filosofía) y gobierno

Por otro lado la Biblia habla del "espíritu" del anticristo que podríamos decir que es como la doctrina, enseñanza, la creencia o filosofía de ese sistema. Asociado a esto está también el gobierno del anticristo, donde se originará. No será una potencia como las anteriores, porque sería diferente a todas las demás. Ya que el sistema económico se esparcirá por todo el mundo, que es lo que ha ocurrido con las computadoras, el internet y la globalización de la economía. (1 Juan 4:2,3)

Buscando un anticristo

Debo mencionar que a través de la historia muchas personas han tratado de encontrar o descifrar quien será el anticristo. Cuando surge algún líder carismático tratan de asociarlo con él. Algunos ejemplos han sido Benito Mussolini, Adolfo Hitler, Ronald Wilson Reagan, la gente busca prototipos. Estoy seguro que seguirán surgiendo nombres. Pero la realidad es que cuando surja, será algo excepcional. La Biblia dice que dirán: "¡Quién como la bestia!" (Apocalipsis 13:4) Lo que se deduce que será un líder sobre lo normal, nunca antes visto en la política de la tierra.

¿La computadora es el anticristo?

Algunas personas preguntan si la computadora de tres pisos, es el anticristo. No. Lo que se cree es que es "la imagen" que vio Juan, como ver una estatua debido a su altura. Recuerde que la computadora que llaman la Bestia ocupa tres pisos, o sea, como 30 pies (10 metros) de altura. La computadora es una parte del sistema que usará el anticristo. Juan dijo que le hicieron una "imagen a la bestia" y que hablaba y hacia morir a todo el que no la adoraba. Lógicamente él no sabía lo que veía exactamente, porque no era para su época. Su misión, como la de los otros que veían visiones, era narrar, no interpretar. Como era una construcción humana y alta, la asoció con lo que conocía de su época. Imágenes o estatuas que mandaban a construir los reyes de su época para que las adoraran. La computadora es lo que Juan describió como su imagen.

¿Cuál es el problema de recibir esta "marca"?
En Apocalipsis 14: 9 al 11 dice: **"Y el tercer ángel los siguió, diciendo a gran voz: si alguno adora a la bestia y a su imagen, y recibe la marca en su frente o en su mano, él también beberá del vino de la ira de Dios, que ha sido vaciado puro en el cáliz de su ira; y será atormentado con fuego y azufre delante de los santos ángeles y del Cordero; y el humo de su tormento sube por los siglos de los siglos. Y no tienen reposo de día ni de noche los que adoran a la bestia y a su imagen, ni nadie que reciba la marca de su nombre."**

Sea con láser, verichips, o con alguna nueva tecnología que se establezca, debido a que las profecías tienen un proceso evolutivo. (Los inventos se van perfeccionando y cambiando. Algunos de los que tenemos hoy pueden ser perfeccionados. Pero el fundamento, los propósitos generales, es lo importante.) Lo que debemos tener muy presente es ¿cuál será el problema de marcarse? Si fuera simplemente marcarse no sería problema. Pues hoy utilizamos monedas, tarjetas, cupones y otros. Además en los días bíblicos se utilizaban monedas. El grupo de Jesús tenía una bolsa donde guardaban el dinero.

El problema estriba en que, como hemos dicho antes, este líder pedirá adoración, como si fuera un dios. Esta "marca" será un tipo de adoración. Sellarse será sinónimo de adorar a la bestia, su sistema, gobierno, filosofía. Allí estará la diferencia.

El problema será que nadie podrá vender, ni comprar sino tiene esta "marca", ya que el sistema como está hoy, no existirá. Con los gobiernos, industrias e individuos en general endeudados y en bancarrota, todo se encamina al plan de establecer una sola economía. En ese panorama, será muy difícil mantenerse sin ser "marcado". Las deudas crecerán más y más. La economía tarde o temprano colapsará. Pero al estar preparado el sistema base, como lo está hoy con las computadoras y la globalización, le será relativamente fácil y rápido a este líder establecer su nuevo sistema económico y de adoración. Se tendría que escoger entre dejarse "marcar", adorar a la bestia o no poder comprar ni vender. Porque quedaría fuera del sistema. No será fácil la decisión. Más preocupante es que algunos líderes han dicho que a los que objeten el sistema, tendrían que utilizar la fuerza para obligarlos a que acepten estos requerimientos.

Herida sanada

Debido a la crisis económica actual, algunos han puesto en duda que Europa pueda mantenerse y menos aún, algún día en el futuro surgir como la primera potencia mundial. Pero Europa se mantendrá. La economía mundial seguirá evolucionando, adaptándose y a su tiempo todo se cumplirá. La profecía habla inclusive, que esta bestia recibiría una herida casi de muerte, pero que sanaría. (Apocalipsis 13:3). Esta herida puede referirse a la crisis económica actual.

¿Cuándo surgirá?

Algunos se preguntan: ¿Podrá levantarse algún líder que gobierne al mundo estando en crisis? Puede ser. ¿No fue eso mismo lo que ocurrió cuando se levantó Hitler? Casualmente la crisis económica de su época, fue lo que motivo el surgimiento de Hitler. No sabemos exactamente cuándo finalmente se culminará el total cumplimiento de esta profecía. Ni cuando surgirá el anticristo, el tiempo lo dirá. Viendo todo este cumplimiento pensamos que está cerca. Pero sea cuando fuere, todo apunta a que surgirá.

Se cumplirá también

Desde las décadas del 70 del siglo veinte, se venía anunciando de la economía, internet, unión europea y todo lo demás. Al cabo del tiempo, todo se ha cumplido al pie de la letra. Así mismo lo que falta por cumplirse se cumplirá.

La Biblia dice: "El cielo y la tierra pasarán, pero mis palabras {las profecías} no pasarán." (Mateo 24:35)

Capítulo 11
Prometió volver

Los problemas de la humanidad seguirán. Pero no todo está terminado. Hay una escapatoria, una solución, una esperanza. Hay otra opción. Ante la necesidad de resolver los complejos problemas que acosan la humanidad, muchos sueñan y anhelan que venga un verdadero líder, especial, genuino que traiga la solución verdadera y permanente a los problemas mundiales. La Biblia, en diferentes pasajes dice que Jesucristo, el verdadero Mesías, prometió volver otra vez a resolver los problemas de la humanidad, librarnos del anticristo, y a establecer un verdadero reino de paz (El milenio), y además "La eternidad". Voy a citarte esos pasajes exactamente como se encuentran en la Biblia.

La Biblia dice primeramente que vendrá en "una nube blanca", a rescatar a su pueblo.

En Apocalipsis 3:10 dice: "Por cuanto has guardado la palabra de mi paciencia, yo también te guardaré de la hora de la prueba que ha de venir sobre el mundo entero, para probar a los que moran en la tierra,"

En Juan 14:1 al 3 Jesucristo le dijo a sus discípulos: "No se turbe vuestro corazón; creéis en Dios, creed también en mí. En la casa de mi Padre muchas moradas hay; si así no fuera, yo os lo hubiera dicho; voy, pues, a preparar lugar para vosotros. Y si me fuere y os preparare lugar, vendré otra vez, y os tomaré a mí mismo, para que donde yo estoy, vosotros también estéis."

En Mateo 24: 30 y 31 añadió: "Entonces aparecerá la señal del Hijo del Hombre {Jesucristo} en el cielo; y entonces lamentarán todas las tribus de la tierra, y verán al Hijo del Hombre viniendo sobre las nubes del cielo, con poder y gran gloria. Y enviará a sus ángeles con gran voz de trompeta, y juntará a sus escogidos, de los cuatro vientos, {cuatro puntos cardinales: norte, sur, este, oeste}, desde un extremo del cielo hasta el otro."

En la ascensión de Cristo a los cielos la Biblia narra: "Y habiendo {Jesús} dicho estas cosas, viéndolo ellos, {los discípulos} fue alzado, y le recibió una nube que le ocultó de sus ojos. Y estando ellos con los ojos puestos en el cielo, entre tanto que él se iba, he aquí se pusieron junto a ellos dos varones con vestiduras blancas, {ángeles} los cuales también les dijeron: Varones galileos, ¿por qué estáis mirando al cielo? Este mismo Jesús, que ha sido tomado de vosotros al cielo, así vendrá como le habéis visto ir al cielo." (Hechos 1:9 al 11)

El Apóstol Pablo escribió: "Tampoco queremos, hermanos, que ignoréis acerca de los que duermen, {al decir "duermen" se refiere a los que hayan muerto, porque para ellos la muerte era como descansar de un sueño – Juan 11:13}, para que no os entristezcáis como los otros que no tienen esperanza. Porque si creemos que Jesús murió y resucitó, así también traerá Dios con Jesús a los que durmieron {murieron} en Él. Por lo cual os decimos esto en palabra del Señor; que nosotros que vivimos, que habremos quedado hasta la venida del Señor, no precederemos a los que durmieron {murieron}. Porque el Señor mismo con voz de mando, con voz de arcángel, y con trompeta de Dios, descenderá del cielo; y los muertos en Cristo resucitarán primero {la primera resurrección}. Luego nosotros los que vivimos, los que hayamos quedado, seremos arrebatados juntamente con ellos en las **nubes** para recibir al Señor en el aire, y así estaremos siempre con el Señor." (1 Tesalonicenses 4: 13 al 17)

"He aquí, os digo un misterio: No todos dormiremos; {moriremos} pero todos seremos transformados, en un momento, en un abrir y cerrar de ojos, a la final trompeta; porque se tocará la trompeta, y los muertos serán resucitados incorruptibles, y nosotros seremos transformados." (1 Corintios 15:51,52)

"Más nuestra ciudadanía está en los cielos, de donde también esperamos al Salvador, al Señor Jesucristo; el cual transformará el cuerpo de la humillación nuestra {humano}, para que sea semejante al cuerpo de la gloria suya, por el poder con el cual puede también sujetar a sí mismo todas las cosas." (Filipenses 3:20 y 21)

"Más ahora Cristo ha resucitado de los muertos; primicias de los que durmieron {murieron} es hecho." "Pero cada uno en su debido orden: Cristo, las primicias; luego los que son de Cristo, en su venida." (1 Corintios 15:20 y 23)

"Porque como relámpago que sale del oriente y se muestra hasta el occidente, así será también la venida del Hijo del Hombre." (Mateo 24: 27)

En Apocalipsis 1:7 y 8 dice: "He aquí que viene con las **nubes**, y todo ojo le verá, y los que le traspasaron; y todos los linajes de la tierra harán lamentación por él. Si, amén. Yo soy el Alfa y la Omega, principio y fin, dice el Señor, el que es y que era y que ha de venir; el Todopoderoso."

"He aquí yo vengo como ladrón. Bienaventurado el que vela, y guarda sus ropas, para que no ande desnudo, y vean su vergüenza." (Apocalipsis 16:15)

"He aquí yo vengo pronto; retén lo que tienes, para que ninguno tome tu corona." (Apocalipsis 3:11)

"Miré, y he aquí una **nube blanca**; y sobre la nube uno sentado semejante al Hijo de Hombre {Jesucristo}, que tenía en la cabeza una corona de oro, y en la mano una hoz aguda. Y del templo salió otro ángel, clamando a gran voz al que estaba sentado sobre la nube: Mete tu hoz, y siega {recoge}; porque la hora de segar ha llegado, pues la mies de la tierra está madura. Y el que estaba sentado sobre la nube metió su hoz en la tierra, y la tierra fue segada {lo que ya hemos mencionado de la primera resurrección}. Salió otro ángel del templo que está en el cielo, teniendo también una hoz aguda. Y salió del altar otro ángel, que tenía poder sobre el fuego, y llamó a gran voz al que tenía la hoz aguda {al segundo ángel}, diciendo: Mete tu hoz aguda, y vendimia {destruye} los racimos de la tierra {que quedaron}, porque sus uvas están maduras {en otra versión dice: podridas}. Y el ángel arrojó su hoz en la tierra, y vendimió {destruyó} la viña de la tierra, y echó las uvas {podridas} en el gran lagar de la ira de Dios {lago de fuego y azufre – Apocalipsis 20:15}. Y fue pisado el lagar fuera de la ciudad." (Apocalipsis 14:14 – 20)

"Pero por tu dureza y por tu corazón no arrepentido, atesoras para ti mismo ira para el día de la ira y de la revelación del justo juicio de Dios, el cual pagará a cada uno conforme a sus obras; vida eterna a los que, perseverando en bien hacer, buscan gloria y honra e inmortalidad, pero ira y enojo a los que son contenciosos y no obedecen a la verdad, sino que obedecen a la injusticia; tribulación y angustia sobre todo ser humano que hace lo malo." (Romanos 2:5 al 9)

En Daniel 7:13 y 14, "Miraba yo en la visión de la noche, y he aquí con las **nubes** del cielo venía uno como un hijo de hombre {Jesucristo}, que vino hasta el Anciano de días {Dios el Padre}, y le hicieron acercarse delante de él. Y le fue dado dominio, gloria y reino, para que todos los pueblos, naciones y lenguas le sirvieran; su dominio es dominio eterno, que nunca pasará. Y su reino uno que no será destruido."

Segundo, en un caballo blanco, para juzgar al anticristo, al falso profeta y establecer el milenio.

"Entonces vi el cielo abierto; y he aquí un **caballo blanco**, y el que lo montaba se llamaba Fiel y Verdadero, y con justicia juzga y pelea. Sus ojos eran como llama de fuego, y había en sus cabezas muchas diademas; y tenía un nombre escrito que ninguno conocía sino él mismo. Estaba vestido de una ropa tenida en sangre; y su nombre es: El verbo de Dios…" (Apocalipsis 19:11 – 13) {O sea, Jesucristo. Vea Juan 1:1, 14}
"Y la bestia fue apresada, y con ella el falso profeta… Estos dos fueron lanzados vivos dentro de un lago de fuego que arde con azufre. Y los demás fueron muertos con la espada que salía de la boca del que montaba el caballo,.." (Apocalipsis 19: 11 al 21)

En 2 Tesalonicenses 2:4 al 10 dice: "…el cual se opone y se levanta contra todo lo que se llama Dios o es objeto de culto; tanto que se sienta en el templo de Dios como Dios, haciéndose pasar por Dios. ¿No os acordáis que cuando yo estaba todavía con vosotros, os decía esto? Y ahora vosotros sabéis lo que lo detiene, a fin de que a su debido tiempo se manifieste. Porque ya está en acción el misterio de la iniquidad; solo que hay quien al presente lo detiene, hasta que él a su vez sea quitado de en medio. Y entonces se manifestará aquel inicuo, a quien el Señor matará con el espíritu de su boca, y destruirá con el resplandor de su venida; inicuo cuyo advenimiento es por obra de Satanás, con gran poder y señales y prodigios mentirosos, y con todo engaño de iniquidad para con los que se pierden, por cuanto no recibieron el amor de la verdad para ser salvos."

Un nuevo mundo

"Vi un cielo nuevo y una tierra nueva; porque el primer cielo y la primera tierra pasaron, y el mar ya no existe más. Y yo Juan vi la santa ciudad, la nueva Jerusalén, descender del cielo de Dios, dispuesta como una esposa ataviada para su marido. Y oí una gran voz del cielo que decía: He aquí el tabernáculo de Dios con los hombres, y el morará con ellos; y ellos serán su pueblo, y Dios mismo estará con ellos como su Dios. Enjugará Dios toda lágrima de los ojos de ellos; y ya no habrá muerte, ni habrá más llanto, ni clamor, ni dolor; porque las primeras cosas pasaron."
(Apocalipsis 21:1-4)
"He aquí yo vengo pronto, y mi galardón conmigo, para recompensar a cada uno según sea su obra."
(Apocalipsis 22:12)

Aunque algunos lo duden

"...sabiendo primero esto, que en los postreros días vendrán burladores, andando según sus propias concupiscencias, y diciendo: ¿Dónde está la promesa de su advenimiento? {Venida del Señor} Porque desde el día que los padres durmieron {murieron}, todas las cosas permanecen así como desde el principio de la creación. Estos ignoran voluntariamente, que en el tiempo antiguo fueron hechos por la palabra de Dios los cielos, y también la tierra, que proviene del agua y por el agua subsiste, por lo cual el mundo de entonces pereció anegado por agua; pero los cielos y la tierra que existen ahora, están reservados por la misma palabra, guardados para el fuego en el día del juicio y de la perdición de los hombres impíos. Más, oh amados, no ignoréis esto: que para con el Señor un día es como mil años, y mil años es como un día. El Señor no retarda su promesa, según algunos la tienen por tardanza, sino que es paciente para con nosotros, no queriendo que ninguno perezca, sino que todos procedan al arrepentimiento. Pero el día del Señor vendrá, como ladrón en la noche;..." {Sin que nadie lo espere.} "Puesto que todas estas cosas han de ser desechas. ¡cómo no debéis vosotros andar en santa y piadosa manera de vivir, esperando y apresurándonos para la venida del día de Dios!" (2 Pedro 3:3 al 12) Indudablemente que volverá.

¿Cuándo vendrá el Señor?

En cualquier momento.

"Pero del día y la hora nadie sabe, ni aun los ángeles de los cielos, sino solo mi Padre {Dios}." (Mateo 24:36)
Los discípulos preguntaron a Jesús: "Dinos, ¿cuándo serán estas cosas, y que señal habrá de tu venida, y del fin del siglo?" (Mateo 24:3) Jesús dijo: "Así también vosotros, cuando veáis todas estas cosas, conoced que está cerca, a las puertas." (Mateo 24:33)

"Permaneced en Él, para que cuando se manifieste, tengamos confianza, para que en su venida no nos alejemos de él avergonzados." (1 Juan 2:28)

El Imperio del amor
Napoleón Bonaparte, desterrado en Santa Elena, exclamó, mirando las aguas que lo separaban de Francia: **"Alejandro, César, Carlomagno y yo mismo hemos fundado imperios. Pero, ¿sobre qué se edificaron estas creaciones del genio? Sobre la fuerza. Jesucristo solo fundó su imperio sobre el amor, y aun hoy millones estarían dispuestos a morir por él".**

Capítulo 12

Reflexión

Saber estas verdades por lo menos nos deben llevar a una reflexión seria, profunda y sincera de nuestra relación con Dios, nuestro Creador. Solo el Señor nos puede librar del anticristo y salvarnos eternamente. Por eso tú también debes prepararte para el encuentro de Dios.

Dios te está llamando

Su amor nos quiere prevenir de la condenación, avisándonos para prevenirnos y librarnos. Pero ahora está de nuestra parte hacerlo o no. Él no lo hará todo por nosotros. Nosotros tenemos que hacer lo que nos corresponda. No es coincidencia que este libro llegara a tus manos. Dios te está avisando a través del mismo. Él tiene muchas formas de hablar, esta es un de ellas. Esto es muy serio, más de lo que cualquiera de nosotros puede pensar. Yo te he probado por la Biblia, la historia y las noticias que salen a diario, que el fin se acerca. ¡Todo se ha cumplido, como Dios lo profetizó hace más de dos mil años! No hay la más mínima duda. Jesús dijo: "El tiempo se ha cumplido, y el reino de Dios se ha acercado; arrepentíos, y creed en el evangelio." (Marcos 1:15)

Sello de Dios

Te hablé que había otra opción. Esta es la otra opción. La Biblia dice que los que sirvan a Dios serán sellados con otro sello (marca): **"El sello de Dios"**. Y serán librados del Anticristo, su régimen, su poder y más importante aún, **de la condenación eterna**. Diversos pasajes de la Biblia mencionan que los que sirven a Dios, espiritualmente son sellados en sus frentes con el sello de Dios y son librados del mal. Veamos.

En Ezequiel 9:4 dice: **"Pasa por en medio de la ciudad,…y ponles una señal en la frente a los… que gimen y que claman"** {A Dios} Y fueron librados del juicio.
En Apocalipsis 7:3, se ordenó detener el juicio **"…hasta que hallamos sellado en sus frentes a los siervos de nuestro Dios."**
Apocalipsis 9:4 dice que el juicio vendría sobre los **"…hombres que no tuviesen el sello de Dios"**
En Apocalipsis 14:1, habla de siervos del Señor **"…que tenían el nombre de él {Jesucristo} y el de su Padre escrito en la frente."**
¿Quieres ser sellado con el sello (marca) de Dios?

¿Qué debemos hacer para ser salvos?
En los días del Nuevo Testamento en la Biblia, un hombre le preguntó al apóstol Pablo en cierta ocasión: "¿Qué debo hacer

para ser salvo?" A lo que él respondió: "Cree en el Señor Jesucristo, y serás salvo, tú y tu casa. Y le hablaron la palabra de Dios a él y a todos los que estaban en su casa." (Hechos 16:31 y 32) Hoy es lo mismo. Veamos lo que dice Dios a través de su palabra, la Biblia.

Primero, debemos reconocer que hemos pecado y arrepentirnos de todo corazón.
"Si decimos que no tenemos pecado, nos engañamos a nosotros mismos, y la verdad no está en nosotros." "Si confesamos nuestros pecados, él es fiel y justo para perdonar nuestros pecados, y limpiarnos de toda maldad." (1 Juan 1:7 y 9) "Por cuanto todos pecaron, y están destituidos de la gloria de Dios." (Romanos 3:23) "Porque la paga del pecado es la muerte, más la dadiva {el regalo} de Dios es vida eterna en Cristo Jesús Señor nuestro." (Romanos 6:23) "Así que, arrepentíos y convertíos, para que sean borrados vuestros pecados." (Hechos 3:19)

Segundo, creer que Jesucristo es el Salvador.
"Porque de tal manera amó Dios al mundo, que ha dado a su Hijo unigénito, para que todo aquel que en él cree, no se pierda, más tenga vida eterna. Porque no envió Dios a su hijo al mundo para condenar al mundo, sino para que el mundo sea salvo por él. El que en él cree, no es condenado; pero el que no cree, ya ha sido

condenado, porque no ha creído en el nombre del unigénito Hijo de Dios. Y esta es la condenación: que la luz vino al mundo, y los hombres amaron más las tinieblas que la luz, porque sus obras eran malas. Porque todo aquel que hace lo malo, aborrece la luz y no viene a la luz, para que sus obras no sean reprendidas. Mas el que practica la verdad viene a la luz, para que sea manifiesto que sus obras son hechas en Dios". (Juan 3:16 al 21)

Tercero, confesarlo como nuestro Señor y entregarnos a él.
"Si confesares con tu boca que Jesús es el Señor, y creyeres en su corazón que Dios le levantó de los muertos, serás salvo. Porque con el corazón se cree para justicia, pero con la boca se confiesa para salvación." (Romanos 10: 9 al 10)

Cuarto, servirle el resto de nuestras vidas.
"Porque la gracia de Dios se ha manifestado para salvación a todos los hombres, enseñándonos que, renunciando a la impiedad y a los deseos mundanos, vivamos en este siglo sobria, justa y piadosamente,.." (Tito 2:11,12)

Hazlo ahora mismo, recíbelo en tu corazón.
Dios te dice: "He aquí, yo estoy a la puerta y llamo; si alguno oye mi voz y abre la puerta, entraré a él, y cenaré con él, y él conmigo." (Apocalipsis 3:20)

Continúa sirviéndole el resto de tus días.

"Más el que perseverare hasta el fin, éste será salvo." (Mateo 24:13)

<u>Ora así con todo tu corazón.</u>

"Padre nuestro que estás en los cielos, Dios creador del universo, en el nombre de Jesucristo, el mediador entre Dios y los hombres, me arrepiento y te pido perdón por todos mis pecados. Creo y confieso a Jesucristo como mi Salvador y me entrego a él, como el Señor y dueño de mi vida, para servirle hasta el fin. Escribe mi nombre en el libro de la vida y séllame en mi frente con el sello de Dios. Amén."

Dios escuchará tu oración y te salvará.

De hoy en adelante

1. Lee y estudia la Biblia.
2. Ora cada día con tu corazón sincero a Dios.
3. Apártate de todo mal. Busca lo bueno.
4. Visita una Iglesia Cristiana.
5. **Asesa nuestros sitios en la WEB para más información.**

Otras citas bíblicas para consultar

Diariamente debemos:
Orar – Salmo 55:17
Leer la Biblia –
Deuteronomio 17:18 y 19
Alabar a Dios- Salmo 34:1
Predicar a otros-Marcos 16:15
Ir a la Iglesia-Hebreos 10:23-25

Como vivir la vida Cristiana
Apártate del mal-
1 Tesalonicenses 5:22-24
Evita la tentación-
Proverbios 27:12
Si fallas - 1 Juan 1:7-9 y 2:1,2
Perdona al que te ofenda-
Mateo 18:23 al 35
Busca amigos Cristianos-
Hechos 2:44
Evita las malas compañías-
Proverbios 13:20
Confía en Dios-Proverbios 3:5-8
Dios te ayudara - Romanos 8
Obedece al Señor Mateo 5, 6, 7
Actúa Bien - Romanos 12 y 13

Que leer cuando estés:
Triste - Filipenses 4:4 y 5
Solo - Isaías 41:10
Desanimado - Hebreo 12:1-3
Preocupado - Filipenses 4:6-9
Deprimido - Isaías 43:2
En pruebas - 1 Pedro 4:12-19
Abandonado - Salmo 27:10
Tentado-Santiago 1:12-25
Enfermo – Mateo 8, 9, 10

Otros pasajes
Para no caer - 2 Pedro 1:3-15
Venida de Cristo-
1 Tesalonicenses 4:13-18
Padre nuestro - Mateo 6:9-13
Jehová es mi Pastor - Salmo 23
Diez mandamientos - Éxodo 20
Principal mandamiento-
Marcos 12:28-34
Nuevo mandamiento - Juan 13:34
Jesús ora por discípulos - Juan 17
Armadura Dios- Efesios 6:10-20
Fruto del Espíritu Gálatas 5:16-26
Dones del Espíritu-1 Corintios 12
Capítulo del amor- 1 Corintios 13
El capítulo de la fe - Hebreos 11
Bautismo agua - Romanos 6:1-14
Bautismo en el Espíritu-
Juan 14:15-31
El rico y Lázaro Lucas 16:19 - 31
El milenio - Apocalipsis 20:1-10
Juicio final- Apocalipsis 20:11-15
Eternidad - Apocalipsis 21, 22
El hijo pródigo -Lucas 15:11 al 32
La Vida de Jesucristo-
Mateo, Marcos, Lucas, Juan
Vida primeros cristianos -Hechos
La creación del mundo -Génesis 1
Adán y Eva - Génesis 2 y 3

Lee, por lo menos un capitulo diario de la Biblia, desde Mateo hasta Apocalipsis. Luego Salmos y Proverbios. Después Génesis a Malaquías.

Notas Finales

RECOMENDACION

Conocer la verdad implica responsabilidad. Si conoces la verdad eres responsable de avisar aquellos que no la conocen. Por tal razón te invito a compartir estas verdades con los que aún no la conocen que están a tu alcance.

Si este libro ha sido de ayuda, inspiración, motivación o bendición a tu vida, seguro que lo mismo puede ocurrir en la vida de otros que tú conozcas. Familiares, amigos, vecinos, compañeros de empleos o estudio, miembros de tu Iglesia o personas que te rodean. Tú puedes servir de enlace para ayudarlos y que sea de bendición a ellos también. Recomendándoselo para que puedan adquirirlo o adquiriendo otras copias y regalándoselas.

Acerca del autor

Edwin M. Torres V. es conferenciante internacional, escritor y pintor. Presidente – fundador de AEETI. Ha sido fundador de varias iglesias, pastor, programador radial y Editor de una Revista. Posee un grado asociado de Ingeniería Civil (Magna Cum Laude). Estudia Administración de Empresas con concentración en finanzas.

Made in the USA
Columbia, SC
03 April 2025